启真馆 出品

等待周末

双休日的起源与意义

Waiting
for the Weekend

Witold Rybczynski

〔美〕维托尔德·雷布琴斯基 著

梁永安 译

ZHEJIANG UNIVERSITY PRESS
浙江大学出版社
·杭州·

图书在版编目（CIP）数据

等待周末：双休日的起源与意义 /（美）维托尔德·
雷布琴斯基著；梁永安译. —杭州：浙江大学出版社，
2022.8
　　书名原文：Waiting for the Weekend
　　ISBN 978-7-308-22675-2

　　Ⅰ.① 等…　Ⅱ.① 维…　② 梁…　Ⅲ.① 休假–制度–
历史–研究　Ⅳ.① C913.3

中国版本图书馆CIP数据核字（2022）第104293号

等待周末：双休日的起源与意义

［美］维托尔德·雷布琴斯基　著　梁永安　译

责任编辑	周红聪
文字编辑	黄国弌
责任校对	黄梦瑶
装帧设计	周伟伟
出版发行	浙江大学出版社
	（杭州天目山路148号　邮政编码310007）
	（网址：http://www.zjupress.com）
排　版	北京楠竹文化发展有限公司
印　刷	北京中科印刷有限公司
开　本	880mm×1230mm　1/32
印　张	6.25
字　数	136千
版 印 次	2022年8月第1版　2022年8月第1次印刷
书　号	ISBN 978-7-308-22675-2
定　价	59.00元

浙江大学出版社市场运营中心联系方式：（0571）88925591；http://zjdxcbs.tmall.com

谨以此书献给

雪莉·哈勒姆

让人得快乐的日子会让人得智慧。

——梅斯菲尔德（John Masefield）

目录

第一章　　自由时光　　　　　　　　　　　　　001

第二章　　周而复始　　　　　　　　　　　　　019

第三章　　具深意的一天　　　　　　　　　　　041

第四章　　星期日在公园　　　　　　　　　　　063

第五章　　圣星期一　　　　　　　　　　　　　083

第六章　　周休二日制的世界演变　　　　　　　101

第七章　　僻静之地　　　　　　　　　　　　　123

第八章　　消磨时间　　　　　　　　　　　　　141

第九章　　休闲的难题　　　　　　　　　　　　159

致　谢　　　　　　　　　　　　　　　　　　　177

参考文献　　　　　　　　　　　　　　　　　　178

索　引　　　　　　　　　　　　　　　　　　　186

第一章

自由时光

今天清早，坐下来写东西以前，我重听了维瓦尔第的《四季》。这乐曲我听过太多次了，音符顺序带给我的惊喜并不多，但小提琴奏出的优美旋律还是让我感动。这正是音乐的神秘之处：反复聆听一首曲子会让人的快乐增长，而非递减。

我深信这组四部协奏曲即使只取名《第八号作品》（它的确是《第八号作品》的第一部分），我也会为之陶醉，但就像大部分乐迷一样，我深为它的抒情曲名所吸引。我父亲是个音乐家，对我那么欣赏这首"众乐乐"的乐曲颇不以为然——我想他认为这曲子矫情，但我却觉得它摹状真实的手法相当吸引人。有关《四季》就是描写四季变化这一点，维瓦尔第直言不讳，因为当这组协奏曲在1725年出版的时候，乐谱还附有四首清晰好懂的十四行诗（很可能出自维瓦尔第亲笔），上面用字母标示相对应的诗文与乐谱。四首十四行诗以大自然为背景，描写四季不同的乡村景象和人物：牧羊人和他吠叫的狗，庆丰收的农民，在曙光乍现时出发的猎人，冬天在火炉边舒服取暖的一家人。乐谱则用音符谱出仿真的场景：独奏的小提琴表现懒洋洋的牧羊人，几把中提琴则扮演吠叫的狗；金翅雀、斑鸠和布谷鸟的鸣声也各由不同的乐器模仿。

维瓦尔第是土生土长的威尼斯人，在一所收容女孩的孤儿院担任唱诗班指挥。他虽然是个神父，但既创作宗教音乐也创作世俗音乐，并以小提琴家和作曲家的身份（他先后写过四十几出歌剧）享誉整个意大利北部。因为一头红发，他被昵称为"红神父"。最后，他的名声传遍欧洲每一个音乐重镇。[1] 无怪乎《四季》甫一问世即风靡一时。这首作品在某种程度上是城居者对田园生活的礼赞（维瓦尔第之所以礼赞田园生活，其实有个悲伤的缘由：他体弱多病而足不出户），反映了 18 世纪艺术家对于理想化"自然"的时髦偏爱。但人们并不需要成为艺术家才能欣赏这首乐曲，《四季》的风行与其题材的亲切感有很大关系。

在 18 世纪，四季变化对日常生活仍然深具影响力，对大部分维瓦尔第的听众而言，《四季》鲜明描绘的画面是他们马上就能认得的。一年四季，大家穿的是不同的衣服，吃的是不同的食物，从事的是不同的娱乐活动，进行的是不同阶段的农事，甚至住的也是同一栋房子的不同房间。以意大利的乡村别墅为例，冬天会住在朝南向阳的一排房间，而在炎热的月份则改住在朝北的一排。像威尼斯这类地方，冬夏日照时间长短不同，日常生活也深受季节影响。在夏天，大家会流连在咖啡馆的露天平台，但在冬天却一到薄暮就早早进屋。最后但并非不重要的是，家居的舒适性也因季节的不同而有别：取暖欠佳的石头房子会让冬天显得又冷又潮湿，居民当然更欢迎春天到来。

我家的舒适性基本上是不受四季变化影响的——电灯、暖气和房子的绝缘建材都把气候变化阻隔在外。由于我不像邻居那样务农，所以气候的变化也不会影响我的起居。尽管如此，从事园艺，为冬天的来临储备木柴，耙拢叶子，遛狗，或只是坐在门廊上吃早餐，这些活动都让我比住在

---

[1] 维瓦尔第的声名没有维持很久，他过世后，他的音乐作品就被遗忘了。直到 19 世纪中叶，他的音乐重新受到关注，又再过了一百多年，才恢复往昔的风靡程度。在我收藏的1949 年版《大英百科全书》中还找不到维瓦尔第的单独条目。

都市的时候更能意识到四季的变化。对一个行色匆匆的城市人而言，在鳞次栉比的高楼大厦上方缝隙出现的一片乌云无足挂齿；但在开阔的乡间，一片灰蒙蒙的天空却足以影响我一整天的作息。对城市人来说，一场暴风雨往往宛如发生在他方；但在乡间，霹雳的雷声却会不停敲打我的房子，闪电有时也会近得让人闻到焦味。这也是为什么，尽管我聆听《四季》已经超过二十年，但这熟悉的乐曲在我最近的生活里却有了崭新的意义。

导致我这种崭新认知姗姗来迟的理由大概有数个：我是在市镇土生土长的人，而市镇是个会让人（至少我是如此）对四季变化无知无觉的地方。无忧无虑的童年让我对天气问题漠不关心：我会玩雪直到连指手套湿透，手指变麻为止；我会在一个冷飕飕的缅因州海滩玩水，直至身体发抖和牙齿打战为止。我当然不会忘记四季的活动是有分别的：夏天游泳，冬天滑雪，春天在花园里帮父亲忙，秋天踢足球。但就像大部分市镇小孩一样，我对季节递嬗懵懵懂懂。

四季更迭在我的意识里意义不大，记忆更鲜明的反而是每个星期的固定韵律：上学日和周末的交替。这种循环之所以让我印象特别深刻，大概是因为我不喜欢上学。我最早的上学记忆（也可能只是大人反复告诉我而形成的"记忆"）是第一次被带到伦敦一家女修道院学校，但我马上就逃走了，泪汪汪地赶上已走到外面街头的父亲。另一个伴随的回忆与星期日有关：儿时我不用像其他小朋友那样要陪父母上教堂，而是会被带到街角的酒吧，接受每周一次的款待——喝一瓶外国进口的可口可乐。小酒馆里那种满布突起颗粒的沉重玻璃酒杯的触感，还有橡木酒桶和啤酒的气味，都留存至今，记忆犹新。

在我大部分的童年岁月中，学校生活都是压迫性的。十一岁那年我家还住在加拿大，我被送进蒙特利尔的寄宿学校。家离蒙特利尔很近，每个星期五晚上，我都可以回家度周末。但我是个依恋父母的人，所以到了星期日下午，几乎无一例外都是眼泪盈眶、依依不舍地离家。多么不快乐啊！就像要被送到远洋轮船当上三年仆役，而不是只到离家四十八公里的学校去住五天而已。对一个眼界不超过下星期五傍晚的小家伙来说，五天不啻永恒。

第二年我成了通勤学生。每星期一至五，早上六点起床，骑自行车到火车站；如果是冬天就会搭父母的便车。火车通勤时间大约一小时。我喜欢火车（当时还用蒸汽火车头），喜欢那些货真价实的列车长——穿深蓝色制服，身上配着个挂得低低的包包。有几个同学跟我坐同一班火车，我们会坐在一起，一起做功课、阅读或辩论——我们那种耶稣会式的辩论技巧就是那时练就的。我还在火车上学会很多牌戏。不过，我还是盼着周末的到来。固然周末依然要做功课，要帮忙做家务（就记忆而言家务并不多），但我却可以晚起床，与朋友玩，到郊外走走，或仅仅是留在房间里阅读。有整整两天，时间全都是属于我自己的。

中学三年级那年夏天，我在一家地方周报打工。我在印刷坊里帮忙，操作一部专为照片或图片制版的机器，接着再落版、拼版。这花不了多少时间，所以我另外又学会了操作一部为报纸裁边的可怕机器。偶尔还获得允许，去组排那些由一部咔嗒咔嗒响的铸排机吐出来的铅字条。每星期一次，位于印刷坊远端的滚筒式印刷机会开动起来，而我们几个人则轮流喂纸。那并不是一份讨人厌的工作，因为事务的多样性冲淡了同一件工作一做再做的乏味性。尽管如此，每当星期五下班打卡的时候，打卡机斩钉截铁地"当"一声响，还是会让我感到如获大赦。因为它标志着接下来我会有两天的自由时间。

上大学以后，我所预期的那种大学生会享有的个人自由实现得很慢（大人都向我保证大学生活是"一生中最美好的时光"）。我面临的是紧凑严苛的课程，在白天并没有太多的闲暇。建筑系的学生都必须先念两年工程学，也就是说我得跟化学、物理和微积分苦苦搏斗两年——这些学科都跟我的古典教育背景沾不上边，我当然也不会感兴趣。班上虽然有许多同学，但他们对我来说有如无名氏。置身于这一大群或多或少都对工程学感兴趣的大学新鲜人之中（那年头学工程的绝大多数是男人），我只能带着一张还没完全定型的脸，上课时恪尽己责，默默记笔记。

当然，课业并不是大学生活的全部。我参加了来复枪社，但它最初对我的吸引力（因为我从未拥有过一把枪）很快就消散了，同时，不用多久，我也对吵闹和幽暗的靶场心生厌倦。后来我加入戏剧社，先后当过快乐的舞台监督和舞台设计。每逢课余，我就待在戏剧社的地下室，不是在彩排就是在兴奋地筹备下一部要演出的戏剧。戏剧不只把我从工程的知识荒漠中拯救出来，让我认识了剧作家阿拉巴尔（Fernando Arrabal）和诗人托马斯（Dylan Thomas）这些大师，也让我有机会与演员为伍，借机认识女孩子。

因为中学念的是男校，而且是个通勤学生，我与异性相处的经验相当少，这使得我对自己初次参加"周六夜"这个重要的大学男女联谊活动的经历更加难以忘怀。我得学会一些不成文的约会规则（在 20 世纪 60 年代初期，这些规则是社会企图控制年轻人性本能的徒劳尝试）。有许多形式要遵守：事前打电话正式邀约，服装的规则，牵手的注意事项，还有接吻调情的详细步骤。

那年头约女孩子的主要借口是参加派对或看电影，但把她约出来以后，你们爱干什么当然没人管得着。我培养出对爵士乐的兴趣，有许多个周末夜都消磨在俱乐部和酒吧，欣赏来自美国的音乐巨星演奏：埃文斯（Bill Evans）、明格斯（Charles Mingus）、孟克（Thelonious Monk）和伟大的鼓手罗奇（Max Roach）。我对罗奇的兴趣部分是"职业性"的——我本人也玩鼓。我的两个室友都是音乐家，所以每逢周末，我们都会一起演奏，有时候是即兴演出，有时则是有酬劳的。每星期有两天，我是昼伏夜出的爵士乐手。那时是 20 世纪 60 年代初期，尽管我们会蓄胡、戴墨镜，但并不认为自己是个"垮掉派"（Beats）[1]，就像那些我们仰慕的音乐家一样，我们身穿三件式西装，喝加冰块的苏格兰威士忌。我们对音乐的态度要比对课业更加严肃认真。

但等大学毕业并找到工作后，我的双重人生就结束了——我成了一名建筑师助理而不是鼓手，因为我的表演生涯不被看好。从暑期打工的经验已经得知，上班意味着一种"五天—两天"的生活节奏，而在建筑事务所上班，基于我对雇主的责任，这种节奏只会更强化。我喜欢我的工作，但我和同事往往得加班（赶截止日期是建筑这一行的常态），每天下班时只

---

[1] 20 世纪 60 年代，美国作家凯鲁亚克等人在旧金山所倡导的社会与文学运动，赞扬不按文法的诗篇，运用意识流、嗑药的呓语，逃避社会与文学规范，并提倡性解放。——译注

能探头看看窗外的下班人潮涌出大楼。然而，我们跟其他人会不同吗？虽然嘴上不愿意承认，但我们一样企盼着周末的到来。

在维瓦尔第的时代与我们的时代之间，计日法已发生了历史性的变化——从田园式转变为工业式，从自然转变为人为。这让我无法用四首协奏曲来描写自己的生活，而只能用反复循环的变奏来诠释。周末变奏：高中生在家里无忧无虑的周末；大学的周末起初只有爵士乐，后来又添加了年轻男女性急而甜蜜的互相摸索；一个上班青年的午夜周末，充满贪杯与言欢，落单孤寂与双人浪漫反复交替。

因为我的自由时光都是个人享用的，所以我就以为这些时光是由我来安排的，但事实并非如此。固然我所做的事都是我想做的，但却不是任何时候我想做就可以去做。我恪守本分，把每星期的娱乐在那些固定分配的时段之内安排好，但我没有丝毫勉强，它是那么自然而然，我从未对周末这回事多加思索，只把它当成人生的既成事实。

那是 20 年前的事。而自那时迄今，如果说周末的主宰权有什么变化的话，那就是它对我们行为的约束程度变得更大了。星期一早上，我们都会和同事互相交换周末的冒险与糗事。星期二，周末的记忆会沉入意识的深处。德国人把星期三称为"星期中"，相当贴切，因为星期三真的就像道裂缝。到了星期四，我们开始期待周末的到来。我们会带点忐忑地聆听气象主播的占卜，想知道周末到底会是适合滑雪的下雪天，还是可以到海滩玩的艳阳天。"感谢老天爷终于星期五了。"（Thank God It's Friday.）——这句 20 世纪 60 年代的流行语，标志着一星期的结束与周末的开始。另一个周末将至的信号是"牛仔裤星期五"（至少在加利福尼亚州是如此）：很多公司都会解除平常的服装规定，任由员工穿着自己喜爱的衣服上班。在夏威夷，星期五被称为"阿罗哈星期五"：这一天人人都穿花衬衫上班。

"周末"这个词本作 week-end，但就像改正一个文法错误一样，中间那一杠后来不见了。这个改变不只是一个字的改变，因为它也反映出"周末"不再只是意味着一周的结束，而是有了一种独立与权威。我们会彼此祝福"周末愉快"，却不会彼此祝福"一周愉快"。过去的一周是由六个工作日与星期日所构成，但如今却是由五个工作日与"周末"所构成。如果现在问别人："一星期的第一天是哪一天？"大部分人都会回答："当然是星期一！"但在五十年前，你会听到的答案却是"星期日"。墙上的月历如今还是会显示一星期的第一天是星期日，而小孩在学校里学到的也是如此，不过，这种传统还会维持多久呢？星期日一度是一星期唯一的休息日，但现在，周日只是人们用来从事激烈体能活动的两天之一。尽管我们如今仍然会过宗教节日和民间节日，但它们只占全部非工作日的一小部分，与总数 104 天的周末完全不能相提并论——如果把长周末算进来，周末的总天数就会更多。

长周末的起源大概是偶然的，也就是当一天国定假日凑巧落在星期五或星期一，周末的天数才会增加一天。在加拿大和美国，当九月的第一个星期一（即劳动节）被宣布为法定假日之后，第一个固定的长周末就出现了。"哥伦布日"和稍后的"马丁·路德·金日"起而效尤，加拿大的感恩节也是如此。美国的感恩节定在星期四，对许多人而言，这意味着可享有连续四天的长周末。至于不在星期一的传统国定假日（如美国的独立纪念日和加拿大的国庆节），虽然官方的庆祝活动会在原定的当天举行，但雇主把假期调到周末的前一天或后一天也很常见。

这些受到认可的长周末看来养大了世人的胃口，结果就是"自助式"长周末纷纷出现。令人惊讶的是，这些自助式长周末是以牺牲传统假期为代价的。有些家庭宁愿不要（或减少）本来享有的两周或三周连假，而选择把它们分配到一整年的各个周末去。周末也以另一种方式延长了：星期五上半天班的风气越来越盛（至少夏天如此）。充满进取心的周末似乎注定要把一整个星期蚕食鲸吞掉。

这个新的时间架构影响相当大，因为不只关系到我们何时休闲，还关系到我们如何休闲。对大部分人来说，一到周末，生活的节奏就会截然不同：我们晚起，除草，洗车。我们还会去看电影，特别是在暑假（五月中至劳动节之间的十六个周末是好莱坞暑假强档，1990 年，共有五十部电影挤在这个档期上演）。但周末并不只是个躲懒的机会，我们还有周末大特卖要参加，有周末折扣票要去消费，有周末服装要穿。我们还会出游，可以去很远的地方，但更可能去城郊，住在度假小别墅或滑雪小木屋里。有些小镇和乡村的经济命脉完全仰赖周末人潮，也有不少产业依赖这两天休假所制造的商机，包括 DIY 维修房屋的用品卖场、游艇制造业和运动用品生产商。

周末是一个用于体能活动和游戏的时段。其中一些消遣活动（如打网球）既有长历史又是新流行，另外一些活动（如急流泛舟、帆板运动和悬挂式滑翔）则是较近期的产物，它们与大部分 19 世纪运动（如打板球或高尔夫球）的不同之处在于较费力，甚至具有冒险性。这些周期性的体能爆发各有各的后果：网球肘、慢跑膝、滑雪扭伤的脚踝。星期一早上就诊的运动伤员与日俱增。就像湖边度假小屋和星期日的"早午餐"一样，刮伤的手肘和晒伤脱皮的鼻子，现在都成了周末的标记。

这些标记中当然也少不了周日报纸。第一份周日报纸是1791年创刊于伦敦的《观察家报》，竞争者随即暴增。第一份美国的周日报纸于1796年在巴尔的摩发行，但才出刊一次就关门大吉，因为宗教传统强烈反对在星期日贩卖报纸。南北战争之后，美国人的态度有所改变，日报的周日版纷纷出炉。到了1900年，周日报总数是639份。今日面貌的周日报纸始创人是普利策（Joseph Pulitzer），浮华的《周日世界报》率先刊登彩色漫画，还附有彩色增刊，内容有书评、异国旅游文章、异色小说、妇女专页、年轻人园地以及一个科学专栏，也就是囊括了一家人所需的内容。《周日世界报》极为成功（在百货公司登广告让它成了印钞机），发行量惊人，是平日版报纸的五倍多。这个成功肇基于普利策了解读者在星期日会想要读些不同的东西。平日需要的是新闻，星期日需要的是"休闲"。

《牛津英语大词典》对休闲的定义如下："一段一个人可以随心所欲消磨的时光。"换言之就是一段"自由"的时光。但英国新闻记者兼评论家切斯特顿（G. K. Chesterton）在他颇受欢迎的《伦敦新闻画报》周六专栏中却指出，不应把这两件事混为一谈：拥有休闲并不代表拥有自由。切斯特顿认为，大家之所以会混淆这两件事，是因为"休闲"一词通常用来诠释三件不同的事情："第一是指容许做某些事；第二是指容许做任何事；第三是指容许什么事情都不做（这也许最难能可贵）。"他承认第一种意义的休闲最常见，而且近来（他这番话写于1900年代初期）在量的增加上是最快的。第二种意义的休闲（也就是拥有随心所欲的自由去形塑自己的休闲时间）却罕见许多，而且通常只见于艺术家和有创造性的个人。然而，在切斯特顿看来，最直切的休闲要算第三种意义的休闲，也就是懒散。

切斯特顿这么胖的一个人（传记作者沃德［Maisie Ward］估计其体重超过 136 公斤），歌颂懒散似乎是再自然不过的事。但更有可能的是，懒散之所以吸引他，正因为他是个最不懒散的人。他的著作清单可以罗列出一百多部已出版的作品，包括论文集、诗集、小说、短篇小说集。他同时也是杂志主编、受欢迎的演讲者和广播节目主持人。虽然他把这么多的事务压缩到了不算长的生命里（享寿六十二），但他的人生却充满了乐趣且出奇地不慌不忙。他的人生并不悠闲，但至少是以从容不迫的步伐走过的。

现代社会提供了许多休闲的机会，但却"越来越容易让人获得这些东西而不可能获得那些东西"——这项切斯特顿的观察至今还站得住脚。例如，如果你想打网球或高尔夫球，球场比比皆是；你喜欢看录像带？出租专门店、出借图书馆和邮购俱乐部所在多有。然而，鳞翅类昆虫研究者却很难在乡间找到一块没有围篱的空地，好尽情发挥他们的兴趣。所以，如果你就像丘吉尔那样嗜好砌砖，但又不像他那样拥有乡村房地产，[1]你要怎么办呢？难不成在邻近的林荫广场上砌砖？还是打打高尔夫球算了……

---

[1] 丘吉尔是个能干和多产的砌砖者。在查特韦尔，他自己亲手盖了两座乡间小屋、一间游戏房和好几堵围墙。他在一封信里这样说："我刚度过了愉快的一个月，盖了一座乡间小屋和口授了一本书：进度是每天两百块砖和两千字。"

切斯特顿主张，一个人如果是因为别无选择（或受社会压力的驱策）才玩高尔夫球的话，他跟一个因为主人睡觉而获得几小时空闲的奴隶无异（主人一醒，奴隶就得随时待命）。两者都无法说自己是休闲时光的主人。他们拥有自由时光，但并不拥有自由。把这个比附更往前推，我们是不是可以说，我们已经受到了周末的奴役？

乍看之下，这是个匪夷所思的问题，因为奴役我们的显然是工作而非娱乐。我们把耽于工作的人称为工作狂，却没有一个词是用来形容沉迷于游乐者的。也许我们应该造一个词。许多我认识的人将周末作为比工作日更重要的时光来度过，甚至言行之中仿佛觉得工作日才是真实生活中的恼人干扰。有时我会感到，想要深入了解这些周末的水手、登山客或女骑士，我就应该陪着到他们所谓的"自然栖息地"去一趟。届时，我将会看到一个与平日截然不同的人吗？抑或看到的只是行为举止与穿着装备不同的同一个人？

看一些滑雪的老照片总是让我钦羡不已。在这些照片里，你会看到滑雪者穿的衣服与平常无异，脚上绑着的也只是两根普普通通的弯木板。这些男男女女看起来一副玩心大发的样子，没有半点矫揉造作。反观今日，哪怕滑雪新手穿的都是紧身的弹性纤维滑雪衣，俨然奥运选手。哪怕只是越野滑雪这样再简单不过的消遣，滑雪者仍会讲究正确穿着、专门术语和最新的装备。这固然反映出大家对身份地位和消费水平的在意，但也意味着大家对游戏的态度不同于往昔。过去从事大部分的户外活动，人人都抱得过且过、蒙混过关的态度，不像今日个个严肃认真。从前，"专业"一词是形容那些拿钱从事某种运动的人，以便和出于兴趣而运动的人相区别。时至今日，"专业"越来越常用来形容技巧熟练、高明的人。"专业装备"是现在人人都认为需要且想要的。相反地，"业余人士"一词从前是指"爱好者"，如今却沦为贬义词，指那些笨拙的新手或技巧没有达到某种程度的人。"他是个业余人士"，这句我们常说的话，不再像从前那样是个恭维话了。

娱乐的时候缺乏漫不经心的态度，身不由己地追求表现，以及讲究正确的礼仪和举止，这些无疑都是某种受到奴役的表现。过去大家打网球是为了"玩玩"，如今却个个"苦练"反手拍。要是切斯特顿看到这种人人奉献热忱的情景，不难揣度他会做何感想，这一类艰苦的追求正是他常常嘲笑的。他曾说过："如果某件事值得做，那就是做坏了也无妨。"

切斯特顿的传统观点主张，真正的休闲与现代周末提供的那些典型娱乐是有分别的。他自己的消遣是由一些并不流行的波希米亚式活动混杂而成：素描，搜集武器，用硬纸板剪裁的人形在玩具舞台上演戏。休闲是个人追求个人特性的机会（哪怕是怪里怪气的个人特性），而非参与大众娱乐的机会；是一个做做私人白日梦的机会，而非一个公开炫示的机会。人从事某种运动应该是出于玩心，而非为了求胜，甚至不是为了玩得好。自由时光如果是真正自由的话，那它理应是可以让人免于成规习俗的羁绊，免于操劳的需要，是可以让人享受到"什么事都不做的高贵习惯"的自由。而这些，是现代周末难以提供的。

"工作日—周末"循环的意义何在？它是不是芒福德（Lewis Mumford）或埃吕尔（Jacques Ellul）等社会评论家所担心的日常生活的规格化和官

僚化的另一征候？周末是不是只是物质主义文化的一种狡猾的营销伎俩，是一种促进消费的诡计？抑或是用来治疗职场生活的空虚乏味症状的虚假安慰剂？

或者说，这是休闲社会的先声？但若真是这样，这个先声未免雷声大雨点小。在 20 世纪 30 年代之前的几十年，每周的工时数持续递减：从六十小时降为五十小时再降为三十五小时。大家有各种理由可以相信，这个趋势会继续下去，一周的工时数会越来越短。这一点，加上大规模的工业自动化，都让所谓的"普遍休闲"显得指日可待。不是所有人都同意这是件美事。不少评论者猜测，有人将会对这种新获得的自由不知所措；而一些心理学家则担心，普遍休闲只会带来普遍的无聊。但乐观主义者却不以为然，他们认为普遍休闲可以带来自我提升和接受成人教育的机会，也会使得创造性艺术繁花盛开。较不乐观的人则担心，在美国这样歌颂劳动的社会，人将难以适应不需要工作的生活，也担心美国人没有足够的成熟度和智慧去选择有益身心的休闲活动。

然而普遍休闲并没有到来，至少没有以大家所预期的面貌到来。主因有一个：一天的工时数降到八小时之后就停住了。自动化确实如预期般在某些产业削减了工作机会，但整体就业数字却不减反增，尽管增加的不见得都是高薪的职位。女性也进入了职场，让工作的人数不是更少而是更多。由于家事还是得做，所以对许多家庭来说，休闲的时间要比从前还少。

也许大家并没有得到更多的休闲，但周末制度的演变却无疑导致了休闲时间的再分配，让很多人一周的工作日数变少了。这种休闲时间的再分配，加上个人可支配收入的增加，让人可以从事五花八门的从前难以想象的娱乐（有些有益身心，有些则不然），而且不只在一年一度的长假期里娱乐，还可以在一整年的任何一个周末里娱乐。

所有这一切都让"工作—休闲"关系的传统观点变得站不住脚。一直以来，文化对"工作—休闲"关系的态度总是矛盾的。大体而言，有两个看法南辕北辙的阵营。其中一方认为，一个社会越能够从劳动中解放出来就越理想，持此论者包括了马克思和天主教哲学家皮珀（Josef Pieper）两个大相径庭的思想家。这种主张响应了亚里士多德的观点：人生目的是快乐，而休闲则是达到这种目的的必要状态。亚里士多德在《伦理学》一书中指出："一般相信，快乐是建立在休闲上的。我们工作，是为了得享休闲，一如我们参与战争，是为了得享和平。"爱情男孩合唱团 1982 年的一首热门歌曲《为了周末而工作》（"Working for the Weekend"），其歌名说得更为扼要。

与此形成反差的是较近代的工作伦理，即所谓的"新教徒工作伦理"。根据这种伦理观，工作的价值是自足的，而工作的减少将会让人类生活的质量大幅降低（废除工作的后果更要命）。"唯一可取代工作的东西只有更严肃的工作。"芒福德写道。他把有意义的工作视为最高级的人类活动，又夸张得把废除工作比作纳粹邪恶的"最后解决方案"。根据这种观点，工作本身就是一种奖赏，不管那是工厂的工作、家里的工作还是体能锻炼。休闲等同于懒散，休闲者是犯罪嫌疑人：任何与工作分离的休闲都是不折不扣的罪行。因此，周末并不是自由时间，而是休息时间，是工作与工作的间歇。

我一下子说太多了。在谈周末的意义之前，我想先检视一些有助我们理解"工作—休闲"关系的问题：日常生活是如何严格划分为五个工作日和两个游戏日的？"周"是怎么成为现代的主要时间制度的？而这个大家普遍接受的架构，又如何反过来影响了我们休闲的轨迹和性质？——无论你在周末是打打高尔夫球，砌砖，还是只做做白日梦。

第二章

周而复始

聆听音乐，躺在沙滩晒太阳或忘情于某些娱乐活动时，我们有时会浑然不觉时间流逝。"时间会在你玩乐时溜走"这句老话透露出，游戏的本质是无忧无虑和不受拘束的。然而，讽刺的是，我们现在的主要休闲时光（即周末），恰恰是一种机械化计量时间方式的直接产物。

以七天为一组计算时间的方式如今看起来是那么自然，以至于我们很容易忘记，"周"乃是一种不寻常的计日法。"日"是介于日出与日落之间的段落；一天的二十四小时是一个黎明至另一个黎明之间的段落；"月"是由月亮的盈亏来度量的（至少过去是如此）；"年"是以四季的一循环为准绳。但"周"又度量了些什么呢？什么都没有，至少是没有任何看得见的东西。没有任何自然现象是七天循环一次的。"周"是一种纯人为的时间段落。

一般来说，历法是一种很有弹性的东西，不具一贯性。一天的长短会因四季的不同而异，一个月的长度也同样是不规则的。为了建立一贯性，我们必须有一些调整：每四年我们会在二月增加一天，每四百年我们会在该"世纪年"多加一日。反观一周的长短却始终如一，总是七天。我们说一年有五十二个星期，但那只是个约数，因为"周"不是从"年"或"月"中等分出来的。"周"就像是对历法的一个嘲笑，它我行我素，无视四季的差别，一往无前。英国学者科尔松（F. H. Colson）在 1926 年曾就这个主题写过一部引人入胜的专题论文，文中他把"周"形容为一个"入侵者"。但这个入侵者出现的时间相对要晚。"周"获得它的最终面貌并成为西方历法确定的一部分，乃是在公元 2 世纪或 3 世纪的古罗马时代。然而，我们却可以在很多更早的文明里窥见它的身影——尽管不总是七天长，也不总是连续的。

最古老的历法为埃及人所创，如果我们把科普特人、帕西人和伊朗人的历法也算进来（它们都是埃及历法的变体），那古埃及的历法迄今已存续了五千年。埃及人把一年划分为三季：洪水季、播种季和收割季。这反映了尼罗河农业社会每年的作息情况。他们也把年划分为月，起初是十个月，后来是十二个月。日与夜各有十二小时，白天的钟点靠日晷计算，晚上的钟点则靠三十六组不同星体的移动而得知。每一组星体负责十天的计时，就因为这样，埃及的"民用月"分割成三个由十天合成的"旬"，约略对应于月亮的由亏转盈、满月和由盈转亏三阶段。我们很自然会想要把这些十天的段落视为一种"周"，可惜的是，少有证据可以显示"旬"在古埃及具有民政或宗教上的功能。之所以如此分割，也许只是出于天文学的理由。

同样地，苏美尔人、巴比伦人和亚述人的美索不达米亚历法都把一年划分为十二个月。每个月二十九天，中间一天是个特别的日子，称为"沙巴图"（shabattu），用以庆祝满月的到来。这个架构制造了一个十四天周期。到了公元前 7 世纪，一个月的第七天、第二十一天和第二十八天也都被赋予了特别意义。在这三天，很多一般性的工作活动是遭到禁止的。

有些学者认为这种七天又七天的周期可以称为"太阴周"。然而，美索不达米亚的月份是二十九日至三十日不等，而每一个七天周期会尾随一天或两天的休假，也就是说，这些七天周期是不连续的。尽管如此，在一段相对短的时间之后接着固定休息一两天，却跟现在的"周"的概念异常相似。

就像埃及人一样，雅典人亦把每个月划分为三等分，每等分十天。第一等分称为"由亏转盈的月亮"，第三等分称为"由盈转亏的月亮"，中间等分则没有命名。每旬的每一天都是以数字顺序表示，如"由亏转盈的月亮的第一天"或"中间阶段的第四天"。但第三旬的每一天却是倒过来算的，这是为了让人知道该月还剩下几天，好为月底的还债结账事宜做准备。与"周"不同的是，雅典人的"旬"并不用来计算民间假期的间距，这些假期是用另一种历法来计算的。

共和时代的罗马历把一年分为三十或三十一天不等的十二个月，每个月又由其中三天分隔为三个段落。一个月的第一天称为 Calends，第五天称为 Nones（在三月、五月、七月、十月四个大月则是第七天），第十三天（在大月是第十五天）称为 Ides（Calends、Nones、Ides 的本意分别为"宣告"、"第九"和"中分"）。这三个"标示日"是专为一些重要的公众事件而设，其间会举行宗教仪式和禁止进行某些活动。尽管切割出来的时间段落长短不同（在小月分别是三天、七天和十六天），但这些段落的功能无疑与"周"相似。

另外还有两种知名的古代历法，分属中国人和玛雅人。中国历法包含以天干地支计日的周期，这个周期会反复循环一整年，这一点与"周"的性质类似，但就天数而言，它却要比"周"长上许多——是六十天而非七天。玛雅人的民用历以十三天为一周期，每天以序数表示，分别代表十三个玛雅神祇。这周期每重复二十次为完成一个完整的循环（玛雅人对数字"二十"着迷，使用的是一个二十进制的数学系统）。这个类似"周"的十三天周期看来并无民政功能，主要是为宗教性和礼仪性的目的而设。

古代历法的共同特征是重视月的盈亏。观察月亮并不需要什么精密的仪器，也不需要天文学或数学知识就能发现月相周期（从新月的到来以迄下弦月的消失）是有规律的。例如，罗马历的那三个标示日，其起源就被认为是跟月相有关，因为它们分别落在新月、上弦月和满月出现的三天。而巴比伦人所使用的"太阴年"也是以二十九天和三十天的"太阴月"为基础的（以月亮盈亏一次的时间来计算的月份，合十二个"太阴月"为一个"太阴年"）。"太阴月"至今继续存在于犹太历与伊斯兰历，而它也是印度人计算节日日期的依归。

月相的循环比较好记，因为它经历的时间相对较短（月亮只需要约二十九天半就能环绕地球一圈），也正因为这样，作为计日法，它要比太阳一年的移动和四季的更迭更实用。然而，一年三百五十四天的"太阴年"却存在一个问题。地球环绕太阳公转一周需时约为三百六十五天，换另一种方式讲，四季要更迭一次为时约三百六十五天——即一个"太阳年"。这表示，"太阴年"与"太阳年"之间有大约十一天的落差。因此，以月相为基础的历法每一年都会有些许落后于四季的更迭，只有在每三十二年半才会重新吻合一次。这使得月与一年四季的关系显得变动不居：例如，十二月有时会出现在冬季，有时会出现在夏季。要让"太阴月"与四季始终同步，就必须在每一年的最后加进若干天——埃及人、希腊人和罗马人都是这样做的。

公元前46年，恺撒（Julius Caesar）在希腊天文学家索西琴尼（Sosigenes）的协助下，彻底改革了罗马历。这个称为"儒略历"（Julian calendar）的新历法以太阳年为基础，尽管沿用十二个月的传统月名（我们至今还在用这些月名），但它们不再是"太阴月"，而是一些长短不同的月份，一年加起来一共是三百六十五天。但因为"太阳年"实际上要比三百六十五天多上六小时，因此每四年就有一个闰年，也就是要再加上一天。16世纪教皇格里高利（Pope Gregory）纠正了儒略历的一个微小错误，修正后的版本称为格里历[1]，但撇开这一点不论，儒略历的生命力可以说是相当顽强。

儒略历最让人诧异的是没有"周"可以容身之地。在儒略历里，由于月的天数不是划一的（一些月份二十八天，一些三十天，一些三十一天），所以无法整齐等分为旬（反观埃及的"民用月"则可以）。然而，奇异的是，儒略历出现后的两百年左右，却几乎所有的罗马人都习惯了七天制的"周"。这究竟是怎么回事？

首先要指出的是，"七"在古代世界是个流行数字："上帝七名""智慧七柱""赫丘力士七件苦差""以弗所长眠七圣""七将攻打底比斯""希腊七贤""世界七大奇观""七贤哲"（这是流传于罗马的一组连环故事，也有希腊文、阿拉伯文与梵文的版本）。遑论罗马帝国的首都就建立在七座山丘上。

最初把"七"奉为魔法数字的似乎是巴比伦人，时为公元前三千年，而这个数字在他们的历法里也扮演了重要角色。[2]让巴比伦人对"七"着迷的一个原因是数学性质的："七"是一个质数。另一个原因是天文学的，

---

[1] 格里历首先在1582年颁布，广为罗马天主教国家采用。日本于1873年采用，中国在1912年采用，称为公历，取代传统使用的农历。

[2] 对魔法数字"七"的崇拜，在世界的每一个角落都可以找到，包括中国与印度。在一些地方（如非洲与太平洋），这种崇拜被归因为伊斯兰教或欧洲的影响；但它存在于许多美洲印第安人部落的事实则要难解释得多。

在夜空中，有七个明显在移动的星体，也就是七大行星：土星、木星、火星、太阳、水星、金星和月亮（古人以为太阳、月亮也是行星）。这个排列顺序是以距离地球的远近为准绳，越近的排得越后。这古代的七大行星到底是"七"被奉为魔法数字的原因，还是因为它们而强化了人对"七"的崇拜，我们不得而知。但无论如何，随着占星术从巴比伦传入希腊、埃及和罗马，七大星体等同于万神殿里的七位主神。

占星术主张，行星的移动反映的是诸神的种种活动，而人间的每桩事件莫不受这些星体和其他星辰位置的影响。每颗行星都有相属的金属、颜色和动物。例如，太阳就被认为跟黄金、黄色、公鸡（它们会在破晓啼叫）、狮子（黄褐色）、某些香料（如丁香和肉桂）有关。人生的七个阶段（襁褓期、孩提期、青春期、青年期、成年期、初老期、暮年期）各由其中一颗行星掌管。不意外地，一星期的每一天也被认为是由一名神祇掌管，因为有七大行星，故一星期划分为七天。我们是这样猜测的，因为并无文献数据可以显示"行星周"最早期的面貌是何等模样。

然而，"行星周"的七天顺序并不是按照七颗行星的一般顺序排列。星期一的第一小时归给农神萨图恩（Saturn，也就是土星，"土星"与"萨图恩"在古罗马是同一个词，也被认为是同一回事），所以他就是这一天的掌管者；第二小时归给朱庇特，第三小时归给玛尔斯，如此类推，到第八小时再开始新一轮的循环。以这种方式，到了第二十五小时（也就是星期二的第一小时），掌管者会是太阳，所以太阳就成了星期二的掌管者。这样所产生的"行星周"七天顺序如下：

土星（萨图恩）日	Dies Saturni
太阳日	Dies Solis
月亮日	Dies Lunae
火星（玛尔斯）日	Dies Martis
水星（墨丘利）日	Dies Mercurii
木星（朱庇特）日	Dies Iovis
金星（维纳斯）日	Dies Veneris

当然，七天制的"周"在犹太人中已行之有年，这是从安息日的观念引申出来的。尽管学者间仍有争议，但有可能这种计日法是犹太人流放于巴比伦时（公元前 6 世纪）从巴比伦人那里学来的，并把巴比伦人的"沙巴图"转化为犹太的安息日（Sabbath），意即禁止从事所有工作的一天。也许犹太人只是受到巴比伦人信仰魔法数字"七"的影响。不管是哪种可能，巴比伦人把"太阴月"划分为每七天一个周期的做法，跟犹太人会在每个第七天守安息日的习俗绝非巧合。

有证据显示，到了犹太人复兴的时代（公元前 140 年），安息日已经是很牢固的制度。采取七天一循环的做法并不寻常，但到底是什么原因让犹太人发展出这种机制并不清楚。根据《旧约圣经》记载，安息日是耶和华赐给"他们"的，而且只单独赐给他们。毫无疑问，这种独一无二性对流放中的犹太人必然有着强大的吸引力，因为可以让他们有别于周围的巴比伦异邦人。以每个第七天为安息日乃是一个强而有力的观念，因为它对所有既存的历法都视若无睹。

宗教派别常常会采用别具一格的计日法，以强化自身脆弱的凝聚力，并以此自别于其他信仰。例如，早期的基督徒就刻意挑选有别于安息日的一天作为圣日。穆罕默德也是如此，他把星期五规定为伊斯兰教的圣日。另外，基督复临派自从基督没有如他们所预期的在 1844 年 10 月 22 日复临以后，也决定采纳星期六而不是星期日作为一周的圣日。贵格会强调自己独特性的方法则是用序数来取代行星名字命名一周七日：第一天、第二天，以此类推。

犹太信仰的排他性让安息日的制度未能广为流传，有好几个世纪，安息日都是犹太人独有的制度。在罗马帝国里，犹太人是一个人数虽少却深具影响力的少数民族，而他们守安息日的做法也引起了迷信的罗马人的注意。有些证据显示，希腊人和罗马人后来把犹太人的安息日改为土星日，在罗马人看来，土星是个不吉利的行星，因此在土星掌管的那一天，事情做得越少越好。不管怎样，在那些犹太商人和店主居多的城镇里，每个人都在安息日休假是个方便的做法。

历史学家迄今未能充分挖掘出"行星周"和"犹太周"之间的关联。"犹太周"与"行星周"显然是有关联的，但怎么个关联法呢？在"行星周"的系统里，每一天都是献给一名神祇的，所以每一天都是重要的；反观犹太人，则只是把一星期的其余时间视为安息日之间的间隔。他们把星期日、星期一和星期二称为"安息日之后"的日子，把星期三、星期四、星期五称为"安息日之前"的日子；在现代的犹太历里，周一至周六是以数字表示，即星期一、星期二、星期三等，而不是以星辰为名。如果安息日不是"行星周"的灵感来源，情况会不会反过来呢？有一个理论认为，犹太人是在出埃及以后调整"行星周"的,也就是把太阳日而非土星日定为一周的第一天,以表达他们对压迫者埃及人的恨意,而安息日也自然落在了土星日(一周的第七天)。

"行星周"的起源(不管是时间还是地点)同样晦暗不明。公元 3 世纪的罗马历史学家卡修斯(Dio Cassius)认为"行星周"起源于埃及,但现代学者却持异议,认为它更有可能是种希腊化世界的习俗,后来才传入罗马。卡修斯又主张"行星周"是一种相对晚近的发明;但有证据显示,早在奥古斯都的时代(即比卡修斯早上两百年),"行星周"已经存在,而且说不定还要更早(但不会早太多)。有一件事却是可以肯定的,在卡修斯的时代不久以前,以七天为一循环计算日子的习惯,在整个罗马帝国的私人生活领域已属稀松平常。

比七天制"周"的起源更引人好奇的是,它是怎样流传开的?这个"入侵者"只花了不算长的一段时间,就渗透到儒略历里而为大部分欧洲地区所奉行。我们很容易猜想,这种流行是以一纸诏书发端的;或是猜想,七天制"周"是学术研究和辩论的产物,就像其他天文学上的计日法一样。然而,没有证据可以支持这两种说法。正如科尔松指出的:"对于'行星周'的制度,官方的态度是完全沉默的,既没有背书,甚至也没有承认。"

"行星周"跟任何的祀典活动都没有重合关系——至少对大部分罗马公民来说是如此,但也有少数例外。例如,早期的基督教徒就仿效犹太人的做法,每七天聚会一次。这一天与"行星周"的太阳日(即星期日)是重叠的。还有另一个宗教会在这一天举行庆典：密特拉教（Mithraism）。这种源自波斯的信仰在公元 1 世纪传入罗马，逐渐流行开来，尤其在平民百姓之间，最后还得到君士坦丁大帝的认可。密特拉教极重视魔法数字"七"，所以每隔七天庆祝一次不足为奇；另外，因为密特拉神就像太阳一样，是光明之神，密特拉教徒也很自然会把圣日放在太阳日。

当"行星周"在罗马帝国境内扩散时，这些宗教团体的分量并不就此就可以高估。举例来说，犹太人并不太受欢迎，基督徒也一样。基督教会对七天制的"周"固然有推广之功，但那是更后来的事。在公元 2 世纪，也就是采用"行星周"的时候，基督徒还只是个受迫害的小团体。密特拉教的情况也没好到哪里去，只是特别盛行于士兵之间，而这一点，说不定有助于解释"行星周"何以会在帝国境内传播得那么辽阔。反之亦然，密特拉教徒之所以会采取"行星周"，是因为已经是个风行的习俗。要言之，任一个这些少数宗教族群都不足以全面解释"行星周"广受接纳的原因。

从缺乏文献记录这一点看来，"行星周"应该是通过口耳相传而为平民百姓所接受。由于没有文献记载可稽，我们只能猜测他们为什么会那么喜爱这种计日法。一般人不会对占星术有什么深入知识，但诚如科尔松暗示的，他们相信行星可以影响人类事务的信仰一定根深蒂固。认为每一天是受仁慈或邪恶的神祇支配的观念适足以发展成一种迷信——就像黑猫或数字"十三"被认为会带来厄运一样。"行星周"制度具有迷信的弦外之音可在这首古老儿歌中找到印证：

　　星期一生的小孩脸蛋俊；

星期二生的小孩很优雅；

星期三生的小孩灾殃多；

星期四生的小孩路漫漫；

星期五生的小孩情深深；

星期六生的小孩得吃苦；

但若小孩生在安息日，

就会正直聪明，又好又快乐。

星期一生的小孩脸蛋俊，因为反映了月亮的美；星期五生的小孩之所以感情丰富，是受到维纳斯（爱之女神）的影响；而星期六生的小孩得吃苦，则是土星导致的——土星是行星中最暗淡，速度最缓慢的。

所有迷信都有一种吸引人的逻辑，更精确地说，吸引力往往来自不合逻辑。迷信有云：不可从梯子下面走过。这挺有道理的，但为何得避开地上的小裂缝呢？黑猫看起来的确不太讨喜，但为何乌鸦不是？迷信挂在墙上的 U 字形马蹄铁可以接住好运（挂反了会让好运溜走），这听起来似乎合理，但为什么只有马蹄铁可以？数字"十三"是个灾星，"十一"却不是。把盐向左肩后撒可以辟邪，但糖不行，往右肩也不行……尽管这些迷信的源头不见得无法追溯，但知识对迷信本身却是多余的——迷信的核心是接纳，不是理解。

我大胆猜测"行星周"之所以广受接纳，就是同一类轻信的结果。拥抱这制度的人并不会思考为什么一星期应该是七天而不是八天，为什么一周七天应该根据行星而非另一组神祇或星座来命名。迷信是从日常生活中浮现的，不是从科学探究。迷信是从爷爷的怀抱中或者玩伴那儿学来的，可不是从学校学得。正因不是强加而来，因为心甘情愿接受，反而更能历久不衰。

不过，有别于大部分迷信，"行星周"并非源于地方性传统——对那些迅速采纳的人而言，它是一种新鲜事物。我们谈过，把日子束成一束束（从五天到十天不等）的做法并非史无前例——美国历史学家布尔斯廷（Daniel Boorstin）巧妙地称之为"日子的花束"。"旬"的存在见证着人需要一个比"太阴月"短的时间。此外，固定的休息天在诸多社会也很常见。无独有偶，大多数人都会希望休息天的间距越短越好（无论出于宗教的或社会的理由），这应该也是"行星周"大行其道的原因。

没有历史证据可以显示，希腊人和罗马人先行使用的"行星周"是以假期为起始或结束的，但这种模式却可见于后来才采纳"行星周"的许多地方。"行星周"传入印度次大陆早在公元 4 世纪初期，来源看来就是希腊化世界。但在最初，"行星周"并不是计日系统的一部分。印度的历法（就像希腊人一样，印度有好几种不同的历法）是个复杂的混合体，集希腊、巴比伦、中国和本土习俗等成分于一身。稍后，印度人开始把一星期的头一天（称为 Adivara）视为不吉利，诸事不宜，因此这一天成了假日和市集日。Adivara 这个梵文词就像一星期其他六天的名字一样，是一位行星神的名字，是印度人每天早上敬拜的太阳之神。换言之，印度早在接触基督教传教士和英国殖民者之前，就已选定星期日作为休息日。这不能不说是个有趣的巧合。

大约在"行星周"传入印度的同一时间，君士坦丁大帝宣布正式纳

"行星周"入历法，但却一改旧俗，以太阳日而非土星日为一周之始。后来有些西方国家为了去除"行星周"的异教成分，改以数字代替神名来命名一周七天，而这种做法至今还见于葡萄牙语、希腊语和斯拉夫语。另一方面，意大利语、法语和西班牙语则顽强地保留了罗马时代的日名——只把土星日改称为安息日。英语、德语和荷兰语也保留了行星命名法，但却用自己系统的神名来取代部分罗马神——以提尔（Tiw，或丹［Din］）、沃登（Woden）、托尔（Thor）、弗里亚（Fria）这些条顿族神祇来取代玛尔斯、墨丘利、朱庇特和维纳斯。我把罗曼诸语和北欧诸语之间的差异列表如下。

西方语言"行星周"日名差异表

拉丁语	意大利语	法语	英语	荷兰语
太阳日 Dies Solis	主日 domenica	主日 dimanche	太阳日 Sunday	太阳日 Zondag
月亮日 Dies Lunae	月亮日 lunedì	月亮日 lundi	月亮日 Monday	月亮日 Maandag
火星（玛尔斯）日 Dies Martis	玛尔斯日 martedì	玛尔斯日 mardi	提尔日 Tuesday	丹日 Dinsdag
水星（墨丘利）日 Dies Mercurii	墨丘利日 mercoledì	墨丘利日 mercredi	沃登日 Wednesday	沃登日 Woensdag
木星（朱庇特）日 Dies Iovis	朱庇特日 giovedì	朱庇特日 jeudi	托尔日 Thursday	托尔日 Dondersdag
金星（维纳斯）日 Dies Veneris	维纳斯日 venerdì	维纳斯日 vendredi	弗里亚日 Friday	弗里亚日 Vrejdag
土星（萨图恩）日 Dies Saturni	安息日 sabato	安息日 samedi	萨图恩日 Saturday	萨图恩日 Zaterdag

基督教的安息日在不同的语言亦有不同的名称。在英语、荷兰语、德语和斯堪的纳维亚诸语中，星期日保留原来的行星名字（即太阳日）；意大利语、法语、西班牙语、葡萄牙语和盖尔语则使用拉丁文 dominica（主日）的各种变体——现代希腊语也是如此，只不过它使用的名称是经过翻译的。另一方面，俄语、捷克语和波兰语都没有采取这两种命名法，而是把星期日称为"非劳动日"。

只有一种欧洲语言完全保留了罗马的命名法：威尔士语。其他欧洲语言都是程度不同地混用行星名字（有时直接衍生自拉丁词根，有时则否）、宗教文献数据或数字。有时也会有一些世俗性的称呼。以德国为例，大部分日名都是条顿系统的神名，但有两天例外：一是星期三，"星期中间"取代了"沃登日"；一是星期六，称为"太阳日前夕"。斯堪的纳维亚诸语命名一周七天的方式几乎跟英国一样，但有一个不同：星期六称为"洗涤日"。在盖尔语中，日名都是行星名，但星期五称为"大斋日"。即使是用数字表示日名的语言，做法也不尽一致。例如，在波兰语与俄语中，因为星期一称为"第一天"，所以星期日就如儒略历那样成了一星期的最后一天；但在葡萄牙语（它也是以数字表示日名）中，星期一却称为"第二天"（现代希腊语也是如此）。这些变异显示出，尽管七天制的"行星周"受到了普遍接纳，但一周每一天的意义却是因地而异。事实上，英语中的"星期"（week，或拼为 wicu、wike、wyke、wek、wok）一词，其源头要比"行星周"更古老。

这种意义的多样性现象解释了为什么"周"的制度会广为流行：它对不同族群来说是不同的东西，有时甚至对同一族群来说也是不同的东西。

它既有迷信的一面也有实用的一面。起初，它只是一种迷信，却因为约定俗成而存活了下来，情形如同我们握右手的习俗（右手代表吉利），这做法让人能够向陌生人表示友善而得以存续。对一般人而言，"周"是一个较短的时间单元，可以让他们架构起生活、工作与休闲。与此同时，它提供了一个简单好记的方法，让人可以把日常活动与超自然关怀联系在一起，不管这关怀是为了守一个直接来自耶和华的命令，或是为了纪念基督复活，还是为了承认行星神对人类事务的影响力。

"行星周"深具适应能力，这点无疑促进了其世界性流行。对君士坦丁大帝而言，"周"是一种基督教（或密特拉教）的制度；对印度人而言，是一个嫁接到他们那部折中、驳杂的历法里的行星概念。到了 7 世纪早期，"周"获得了另一个宗教的背书，这次来自先知穆罕默德，他制定了一部跟基督教和传统阿拉伯历法都大异其趣的太阴历。尽管如此，他却把七天制的"周"保留在新历法中，唯一不同的只是把圣日从星期日改为星期五。

最后一个搭上"行星周"列车的大国是中国，时为 1911 年的辛亥革命之后。在中国人看来，西方历法乃是许多"现代化"改革中的一项，出于实效性的动机，他们接受了"周"的制度。在中国，一周七天是以数字而不是以名字来表示，而第七天定为例行假日。在广东话里，星期日称为"阳日"[1]。会有这样的称呼大概只是约定俗成，没有任何宗教意味。尽管辛亥革命的几位领袖都在教会学校念过书，有些还是受洗的基督徒，如第一

---

[1] 作者这里说的"阳日"应该就是指"星期'日'"这个称呼。在其他以序数命名一周七天的国家，星期日或称为"第一天"，或称为"第七天"。——译注

任（临时）大总统孙中山。

在另一个更早的革命里，"周"的际遇要坎坷得多。法国大革命带来了全新的历法，目的是要去除"年""月""周"所蕴含的基督教成分，同时把计日法合理化（即十进制法）。共和历的第一件事情就是拿掉"公元"，改以共和国成立的 1792 年为"共和元年"。保留了"太阳年"，但闰年多出来的一天则定为革命成功纪念日。闰年四年一次，其间称为一个"法兰西亚德"。月份也同样重新命名。负责这工作的是诗人代格朗汀（Philippe-François-Nazaire Fabre d'Églantine），而他的命名让人觉得一年好像有十二季。例如，冬季的几个月他称为"雪月"、"雨月"和"风月"（这是典型的巴黎气候）。一年还是十二个月，但就像埃及的民用历一样，每个月都是一样长短：三十天。多出来的五天则作为一个年终节庆。

"周"在这个新系统里完全消失了。代之而起的是"旬"，十天为一旬，合三旬为一月。每旬的十天以序数命名：第一天、第二天、第三天，以此类推。第十天是例行假日。

伏尔泰说过："要是你想摧毁基督教，得先要摧毁基督教的星期日。"这正是革命党人想要做的事。但广大农民大部分都是信徒，所以他们理应还是会庆祝主日，换言之，就是继续偷偷摸摸地守七天制的"周"。法国犹太人的情形想必也是如此，因为"普遍的"人权并未延伸到他们身上。然而，就连在坚定的"无套裤汉"[1] 之间，"旬"的制度也流行不起来，因为它剥夺掉十六天的国定假日，而那是年终的五天假期所无法弥补的。不

---

[1] 此词原指法国大革命初期，衣着褴褛、装备低劣的革命军志愿兵，后泛指大革命的极端民主派。——译注

管怎样，十天制的"旬"只存活到共和十四年——拿破仑称帝后，格里历再度启用。

法国的革命党人太低估"周"的韧性了，主要是因为他们错判了民众的情愫，对大部分民众而言，七天制的"周"与基督教是密不可分的。革命者也同时忽略了"周"是根深蒂固的社会习俗。一般人是可以忍受革命历一天十小时和一小时一百分钟的新设计，毕竟当时拥有时钟的人并不多。但十天一循环的设计却是毫无活力和机械化的，完全失去"行星周"那种神秘感和丰富性。这种新制度是一种知性产物，毫无文化根基。因此，哪怕是雅各宾派没有垮台，"旬"看来也不太可能长存。

距今最近的一个铲除"周"的尝试发生在苏联。1929 年秋天，斯大林政权完全调整了苏联的历法。新历法与法国的共和历法多有相似，例如也是把十二个月的每一月定为三十天，多出来的天数定为国定假日。但有别于法国的是，布尔什维克党人保留了月份的传统名字，因为他们想要攻击的主要对象乃是"周"的制度，没有了"周"，工厂就可以不间断地运作。在新的历法下，没有一天是全民一致的例行假日——这形同取消了"周"这东西。劳动采取四日一休制，轮班进行。这样子，每个劳动者每年的非劳动日就从五十二天增加为七十二天。

然而，尽管四日一休制要比沙皇时代的六日一休制轻松，却流行不起来。因为每个人的休息日都错开了，家人或朋友很少能共享同一个休假日。而且，为了让工厂或组织可以运作，管理人员和经理被迫牺牲许多休假日。学校、银行和管理部门形同解体——它们的人员从来凑不到一块儿。机器设备因为没有任何人必须负起单独责任而疏于保养。新制度在信仰虔诚的农民和主要是城市居民的犹太人中间流行不起来，更是再自然不过的事。

苏联推行新历法的公开理由是为了增加工业和农业的产能。然而不到三年时间，四日一休的轮班制证明了其效果适得其反，而五天制的"周"也随之取消。当局改为把每个月划分为五周，每周六天，第六天是全民的例行假日。这制度维持了九年，最后还是难逃被废的命运。1940 年 6 月，苏联回归到格里历和七天制的"周"。官方对这种改变给出的表面理由是，一个天数多一点的"周"可以增加工厂生产量和减少职工员额；但是在私底下，布尔什维克党人却承认，他们铲除"周"这个俄罗斯东正教习俗中的中流砥柱的企图已经失败。

这些事例证明了七天制的"周"在面对官方的挑战时，生命力有多强悍——让人几乎觉得它是上帝指定的。或者，它的韧性或许反映出我们对数字"七"的神秘魅力仍然着迷不已，反映出这个数字能继续在我们的集体潜意识中唤起共鸣？跟"七"有关的事情太多了：过去有所谓的"七宗罪"和"七海"，而今则有"白雪公主与七个小矮人"、"七姊妹"（美国精英女子大学联盟）、"七人组"（加拿大画派）。我们会在"7-11 便利店"买"七喜"。还有多得不寻常的电影片名带有"七"字：《七对佳偶》、《七年之痒》、《七美女》、《七武士》（它的美国版是《豪勇七蛟龙》）。"七"在流行文化中的持续使用，反映出人们仍然相信它具有神秘的力量。[1]

---

[1] 没有一种对"七"的信仰可以超过伊斯玛仪派——伊斯兰教的支派，成员被称为"七之徒"。他们相信历史有七次循环，会先后出现七位大先知，以及第七伊玛目（宗教领袖）有一天会再临。

但还有另一个可能的解释。现代生物学已辨识出来的人类生物节奏，就是大约七天为一循环。这些所谓的"近似七日节律"存在于人体的好些功能中：心跳、血压、口腔温度、血液中的酸含量、尿液中的钙含量，以及肾上腺中皮质醇的数量。证据并不完整，但不无可能的是，七天制的"周"乃是人的本能性尝试，旨在建立一个或多或少对应于人类内在的生物性起伏的社会行事历。

"周"的根埋得很深，深得不可能被完全挖掘出来。一种神秘气氛环绕在"周"的四周，而说不定，这也是它吸引力的一部分。它是历经十数世纪的使用、形塑而蒸馏出来的。更重要的是，它是一种没有官方支持而自行扎根的民众信仰。这一点要比其他任何理由更能解释它的久存不衰。"周"与其说是个"入侵者"，不如说是个非正式的客人，从后门受邀进屋，接着就变成了一家人的朋友。它也是一个有用的朋友，因为在其他功能之外，七天的循环还为日常活动的重复节奏提供了方便好用的架构。它所提供的一天假期，不只可以让人用于崇拜，也可以用于烤面包，洗涤，打扫房子，上市场和休息。"一星期一次"是最寻常的一种时间尺度。"行星周"不是像天体移动或四季更迭那样堂皇的计时法，但却比这两者更简单也更深刻：它是一种可用于日常生活的尺度。

第三章

具深意的一天

安息日的源头至少可上溯到摩西的时代。据《出埃及记》记载，十诫中的第四诫这样吩咐犹太人："六日要劳碌工作，但第七日当为你的上帝守安息日，无论何工作都不可做。"过去一千六百年来，基督徒也是每七天中空出一天，放下工作。同样的一天也见于伊斯兰国家。这个休息天的起源明显是宗教性的，不过，从印度教徒、佛教徒、道教徒到马克思主义者都采取同样的行事历，这反映出一周一休也许正好跟人类的内在节奏相呼应。

古希腊人没有星期日，却有很多固定节日——柏拉图称之为"喘口气的机会"。他认为这些节日是诸神出于同情劳苦的人类而指定的。罗马人的看法与此类似，西塞罗写道："让各种争执在神圣的节庆日停止吧，让仆人得享免除工作的节日吧。之所以要在某些日子指定某些节日，正是为此。"不管相不相信星期日（或星期六、星期五）是神明指定的休息日，大部分人都会同意，如同其他任何假日一样，周休日的最大特征就是不用工作。

这看起来再明显不过，主导世界的毕竟是工作。德国哲学家阿伦特（Hannah Arendt）指出："劳动及其产品，也就是人类制品，让必朽之躯的徒劳作为，与人类时间转瞬而逝的特征，得到若干程度的永恒性与存续性。"工作代表日常的固定节奏，休息则是短暂的打断。然而，工作日的至上重要性并不只是因为在日历里占大多数，也是因为休息是以工作为基础的，而不是倒过来。从物质的角度说，每周一次的休息日乃是一种盈余，代价则由已经完成的劳动支付。我们把周末视为工作的奖赏，这种态度强化了周末的地位。"一天的假期是我应得的。"这是我们在卖力工作的一周后常说的话。

从来没有社会会体会不到其成员有定期休假的需要，不过倒是有一些社会千方百计地把休假日减到最少。这些扫兴鬼通常都是讴歌劳动而挞伐"不事生产"的政权。16世纪的英国新教徒对传统非工作日（包括星期日与圣日）日数过多深感不满，结果，1552年由国会通过的第二版《公祷书》把原来超过200天的假日减为79天。法国革命历以"旬"代"周"，使本来52天的星期日减为36天假日，本来90天的年休假与38天的圣徒节日也因此骤减。苏联同样删削国定假日的天数，又因为实行交错的轮班制，也让每周一天的休假日的意义大打折扣。最极端的例子莫过于20世纪70年代晚期的柬埔寨，当时的政权把整个国家弄得有如一个大劳工营。据报道，工人每十天才有一天休息日，对饱受痛苦的柬埔寨人民来说，这一天名副其实是喘口气的机会。

　　比较起来，古代的社会要慷慨大方多了。古埃及人一年免于工作的总天数约70天，平均每六天有一天。古雅典人每年的节日有50天至60天，但在一些富裕的希腊城邦，节日的天数是此数三倍以上。奥古斯都主政时期的罗马（公元前27年至公元14年）每年有66天休假，但到了4世纪，假期的天数已激增到175天。沙皇时代的俄国每年有100多天宗教假期，而在加利西亚的部分地区，因为同时遵循希腊历和罗马历的节日，非工作日在1909年据报超过200天。至于在所谓的原始社会，休息日的多寡各有不同。以尚未成为美国殖民地的夏威夷为例，一年有超过70天禁止工作。北美洲西南部的霍皮族印第安人，一年有半数以上时间都在休假。据一个19世纪初到过埃塞俄比亚的作者所述，该地的休假日同样超过半年。在阿散蒂王国（现在的加纳），假期的天数几近两百。

大部分北美洲人一年享有的休假日约 130 天（52 个周末，11 天或 12 天的国定假日，约两周的私人假期），这个数字凑巧在历史上是个中间数。

假期在古希腊和古罗马逐渐增加的事实似乎反映出，财富的增加让人可以拥有更多的自由时光。但如果假期是富裕的结果，那为什么在工业化的维多利业女王时代，英国人的假期天数会不如较不富裕的中世纪英国人？另外，19 世纪至 20 世纪之交的美国，明明要比邻国墨西哥富裕得多，为何假期却不到墨西哥的一半（当时墨西哥每年有 131 天国定假日）？如果闲暇真的是财富之果，那已经爬到世界经济顶尖地位的日本理应有最多天数的假期，但事实并非如此，研究指出东京市民的平均夏天假期为 5.2 天，纽约市民则是 12 天。

当然，我们也大可以反过来论证说，富裕的社会之所以富裕，正是因为其成员的工作日数比较多。一般相信，日本的经济繁荣要归功于日本人勤奋工作的品性，而大部分南美洲国家之所以贫穷，则是因为他们午休时间太长，节日太多，国民普遍喜欢玩乐多于工作。然而，巴西和哥伦比亚固然国定假日众多（分别是 21 天和 17 天），但日本和以色列的国定假日为数也不算少（分别是 19 天和 15 天）。虽然法国家庭的假期要比美国人长两至三倍，但没有人会相信法国生活水平低于美国。自 20 世纪 50 年代起，法国和西德就有在夏天放长假的习惯，但两国的经济增长与繁荣程度却看不出来因此而受损。如此可以断言，一国假期的多寡与该国财富的多寡并无直接关系。休假日的多寡既不单是富裕程度的结果，也不单是国民生性慵懒与否的结果。关键系于其他因素。

1914 年，英国工业界为了打赢世界大战，引进星期日不放假的制度，又增加每天的工时并要求工人加班。结果却没有如预期般带来更高的生产量，反而适得其反：工人的效率变低了，纪律散漫，更让人吃惊的是生产量不升反降。短短一段时间后，当局不情不愿地把星期日恢复为假日，又把十二小时的工时减为十小时。出乎意料的是，此举不但让工人每小时的生产量增加，每星期的总产量也增加了。

这个现象的含义不言而喻：生产量不只与"工作时长"相关，也跟"不工作时长"相关。自此，越来越多的研究把注意力放在了工作时间长短对生产力的影响以及一些外部因素如疲劳程度的重要性上。这些研究的主要成果，是发现每个工作日都应该插入一些短暂的休息间歇——"咖啡时间"（coffee break）应运而生，作用类似于新教徒的午睡。由于星期日休假是既成的传统，而在一般情况下是不太可能变更的，所以很少有人把星期日作为研究对象。

定期休息日出现在历史上的每一个社会，这个事实反映出每周一次的歇息保养或许出于人的生理需要，一如人体需要一定时数的睡眠和一定分量的食物与水。这个想法至少是 19 世纪时的假设，当时科学家才刚开始研究人类的疲劳现象。

意大利生理学家莫索（Angelo Mosso）写过一本探讨疲劳的书，大为畅销，英译本在 1903 年问世，书中谈到各种由体力劳动与智力劳动导致的疲劳（智力劳动包括了写考卷和讲课这类充满压力的活动）。莫索引用的证据来自传闻逸事和自己做的实验。他设计了一部可以测量肌力受疲劳影响程度的仪器，并由它得知，智力活动一样可以导致体力衰减。其中一位受测者马焦拉医生是个医学教授，他不得不施行一系列艰巨的口腔检查。在一下午的检查之后，他的肌力大为衰减，但用过晚餐后可以恢复部分，一夜的睡眠则让他完全恢复过来。然而第二天下午的口腔检查又让他的肌力降低如昨。如是几天以后，即使有一夜睡眠，仍然不足以让他的体力恢复到正常状态。莫索描述到了第五天（也是最后一天）口腔检查结束，马焦拉先生已"精疲力竭"。作为实验的一部分，莫索要求马焦拉先生到乡间住两天，任由自己"完全怠惰"。从乡间回来的时候，一如预期，马焦拉先生的肌力完全恢复过来了。这个个案显示，五天工作两天休息的作息表具有复原效果，尽管两天的周末在当时并不普遍。

莫索推测身心疲劳是脑部化学物质不平衡所致。我们现在已经知道这理论是错的，但却找不到另一个简单明了的解释。研究者都同意，疲劳对一个人的身体和心理状态都会有所影响，问题在于后者"反省性很低而且非常原始，就定义来说几乎是潜意识性质的，大部分都不是理性分析可以派得上用场的"（这段话出自一本教科书）。另外，疲劳看来是很多因素加在一起的结果，包括了工作环境（照明、通风、噪声多寡）、工作者的投入程度、工作的性质（尤其是单不单调）等等。用一位研究者的话来说，疲劳乃是"最成谜的现象"。莫索告诉我们，每当他连续伏案工作三到四天，往往就会出现头痛、睡不好和倦怠感。这些时候，"我会合起书本，把文件推到一边，休息二十四小时。然后我就会恢复过来"。现在我们对疲劳的了解并没有比他增加多少。

常识认为定期休息有助于战胜身心的疲劳、紧张和单调乏味感。尽管没有科学证据可以判断定期休息的精确频率应该是多少，但历史证据却显示，这样的休息应该每五至十天一次。然而，我们不应该太快下结论。英国作家斯科特（Donald Scott）指出，对各种产业的研究都显示，产能会在一星期的最后一天（也就是假期前一天）降到最低。另一方面，在每星期的第一天（也就是每个人都被视为获得充足休息以后），产能同样偏低。他猜测，这反映出产能是高是低还涉及疲劳以外的因素——比方说工人的技能会随着一星期的迈进而逐日熟练提高。但工人之所以需要这种重新适应的过程，正反映出工作与休闲之间本质上是不连续的。像坎贝尔（Jeremy Campbell）就认为"周一早晨的情绪低落"是周末睡眠时间较长的结果：周末的睡眠让人体的二十五小时节奏可以协调于二十四小时的宇宙节奏，但到了星期一早上，这种协调又被猛然打断了。

也许我们真的需要一个休息天去减轻疲劳，但纯粹把假日理解为工作日的相反（或结果）却失其要旨。不管是把假日称为一种中断还是奖赏，都忽视了传统中赋予休闲日的丰富语汇（圣日、节日、欢庆日、嘉年华等），只把它还原为四个字：停止工作。这就好比把舒适定义为"不舒适之阙如"，不足以传达这种难捉摸之经验的正面品质。皮珀在其论节日的著作中指出，想要掌握假日的本质，关键之处恰好在于要把它从工作与外在影响或目标中分离出来，换言之，假日有其自足的意义。

周休的意义在历史上因时而异。漫不经心的现代人把周末视为忙碌工作日程表的愉快间断，以及一个从事个人消遣的机会。在他们看来，周休日就是不需要工作的一天（当然，有些人还是会利用这时间来做些家务）。值得注意的是，这跟形容假日为禁止工作的一天是不同的。

禁止工作正是最早期固定假日的特征。大约公元前 1200 年的埃及历法（萨利耶莎草纸书第四卷）列出了一整年的每一天（或一天的某一时段）中一系列不能做的事，其中包括禁止旅行、交媾、洗衣服和吃某些种类的食物。最屡见不鲜的禁止是"不可工作"。一部可能是汉谟拉比时代的巴比伦历法，把一个月的第七、十四、十九、二十一和二十八天称为"邪日"，在这几天，许多活动都遭到禁止，包括生意买卖。希腊和罗马的历法也找得到许多禁止各种重要工作的不吉祥日。直到宗教改革之前的整个中世纪，欧洲人相信有些日子诸事不宜（称为"埃及日"）。今天我们会对十三号星期五有所忌讳，就是这一类迷信的残余。[1]

这一类古代习俗的确切意义常常很难索解，但我们不妨拿一些"原始社会"的类似信仰来加以比对。在 19 世纪，欧洲商旅开始大量接触到亚洲和非洲的当地文化，发现在这些地方，守吉祥日或不吉祥日的习俗相当常见。最极端的例子是波利尼西亚，日常生活受到为数庞大而繁复的禁忌（称为 tapus 或 tabus）所抑制。这些禁忌可以是人、地、物、活动、衣着或食物，人们通常相信违反这些禁忌的人会受到超自然力量的惩罚。

禁忌日有可能源自某些特殊事件——瘟疫、自然灾难或任何不寻常的事情。也可能自然而然就产生，例如出生或死亡的结果，建构房子，或者重要狩猎出发前，都有可能形成某种禁忌。有些也可能是由祭司召唤出

---

[1] 自中世纪开始，星期五就被认定是不祥之日，这种看法至今仍留存在许多文化里。例如马其顿的民间传说就禁止在星期五剪发和剪指甲；斯拉夫农民相信任何在星期五起头的工作都不会有好结果。印度的婆罗门教徒和拜火教徒认为星期五是不吉利的，缅甸人也是如此。有些伊斯兰教社团（伊斯兰教的安息日是星期五）同样认为有些活动不宜在星期五进行。

来，借此惩罚犯了宗教罪或民俗罪的人。禁忌的影响范围可以是个人、一家人或一整个社群。禁忌日的持续时间有时是几天，有时是几个月，有时甚至是几年（很罕见）。

它们也是日常生活的一部分。夏威夷的传统宗教每个月都会恪守四个固定的禁忌时段：第三夜到第六夜，满月阶段，第二十四夜到第二十五夜，第二十七夜至第二十八夜。在这些时段，交媾和各种不同活动都受到禁止，包括烹饪，划独木舟，走出屋外等。

另外还有些固定的季节性禁忌，如在某些季节禁捕鱼和打猎（有助于保存食物资源），或在种植和收割期间禁止非农事性质的工作（这样可以使整个社群全心投入于农活）。有些研究者因此认为，禁忌起源于实际的考虑，但由于禁忌在很多不同场合都会看到，而且看不出来有什么实用性，所以这个解释是没有说服力的。不过，如果说禁忌有什么实用功能，倒不如说是比较普通的功能：就像任何信仰系统一样，禁忌可以让人因为自己做对了事而获得满足感。另外，群体性的禁忌也可以产生社会凝聚力，让整个社群的成员关系更为紧密。

禁忌日的核心特征是日常活动的停止，特别是那些需要体力的活动。[1]出于这个原因，禁忌日有时称为假期或节日，但当代的调查研究已经表明，这些日子毫无节庆气氛。工作、唱歌跳舞或交媾一律被禁止，一些人平素爱吃的食物也不准食用。这些规律性的禁忌日（一个月四次）乍看形似周末，但它们的气氛与现代人用来休息和娱乐的周末大异其趣。忘忑不

---

[1] 波利尼西亚语中的 tapu 一词意指"特殊标示的"，tapua'i 一词则更明确，意指"禁止所有工作、游戏等活动"。

安而非喜气洋洋才是它们的正字标记。这些日子都是郁闷之日，一切活动都不许进行，人只能害怕兮兮地留在家里。

自南太平洋诸岛的禁忌传统为世人所认同之后，人类学家和社会学家就注意到，整个亚洲和非洲都找得到类似的习俗，历史学家也同样在古代世界发现禁忌传统（例如罗马人在大地震后，会放特别假举行安抚仪式，所有商业活动也会停止）。而从一些反复出现于各个禁忌传统的特征（特别是禁止工作这一项）来看，有些论者认为，禁忌显然也存在于当代工业社会。例如，美国经济学家与社会学家凡勃伦（Thorstein Veblen），在其论有闲阶级的名著中就指出："宗教节日是为了纪念上帝和诸圣徒，一切禁忌是为他们实行的，在这些日子摈除实用的劳动也是为他们的荣誉着想。因此，在经济理论上，显然应当把宗教节日看成是为他们执行'代理休闲'的日子。在这样的日子里执行的宗教性代理休闲的特征是，相当严格地禁忌一切对人类有用的活动。"

略过"显然""代理"这些狡狯的字眼不论，凡勃伦把假日禁止工作之举形容为禁忌，本质上是一种古代遗风，而非不精确的描述（尽管凡勃伦的本意也许只是嘲讽）。犹太人的《摩西五经》包含许多安息日的规定（如不许举火或煮食），大部分历史学家相信那是源自巴比伦人和埃及人的禁忌信仰。神圣日与禁忌日的紧密关联在波利尼西亚也是显而易见的：当新英格兰的传教士试图把严格的星期日守则引入此地时，他们相当讶异于土著如此乐意接受，却不知在这些新皈依的信徒心里，星期日本来就是个禁忌日。

然而，凡勃伦把宗教假期界定为禁忌日却是误导的，圣日固然衍生自一些较早期的禁忌传统，却不代表它等同于后者。圣日是泛灵论往多神论演化的一部分，而诚如人类学家韦伯斯特（Hutton Webster）指出的，泛灵论和多神论这两种相反的信仰有一个根本的不同：泛灵论在意的是"不洁之物"，多神论在意的是"神圣之物"。泛灵论认定工作和其他世俗活动会污染圣日的神圣性，所以应该避免。但多神论却认为，献给神明的一天并不是不吉利的，正好相反，它是神圣的；而为了彰显这一天的神圣，应该举行各种仪式和礼仪，包括禁止工作，但不是出于恐惧或赎罪，而是为了崇拜。

　　罗马人有两种节日：一种是私人、家庭的节日，是为欢庆或纪念家族成员的出生、结婚或死亡而设，在这些日子里，工作是完全禁止的（根据西塞罗记载，仆人同样禁止工作）；一种是一年一度的公众节日（在罗马共和时代一共 61 天），主要是宗教性质，但也有一些是不吉利的日子（两者都禁止工作）。这些节日兼具了禁忌日与圣日的成分。但随着时光流转，宗教性质的节日逐渐并吞了私人节日。这种不同传统的融合并非不常见，诚如韦伯斯特所观察到的："人类心灵有一个普遍的倾向，那就是特别强调一个神圣日子的节庆面，并通过某些微妙的精神炼金术，把忧郁而焦虑的一天转化为欢乐和欣快的一天。"

　　禁忌日转化至圣日的一个明显例子是犹太人的安息日。早期，安息日有着类似禁忌的诸多规定，但到了他们遭流放之后的时代，一种较宽容的态度取而代之：取消了禁食，鼓励在安息日多一点欢快气氛。这时，在安息日好好娱乐自己，反而成了道德责任，而安息日也成为吃到精致或特殊菜肴的日子。有诗歌赞美安息日是"休息与欢欣的一天，是开怀与愉悦的一天"。不过，这种态度后来又被法利赛人的法条主义取代，企图重新恢复繁杂的安息日规则。正是为了反对这种观点，耶稣才会说："是安息日为人而设，而不是人为安息日而设。"换言之，那应该是为人的福祉而设的一个休息天，而不是为了让人忐忑不安的禁忌日。

早期的基督徒（特别是犹太基督徒）既守安息日，也守第二天的主日，每逢主日，他们就会集合在一起掰面包。到了圣保罗时代，守安息日的基督徒已大为减少。但这并不表示主日取代了安息日：在最初，主日本身只有少数的安息日特征，信徒会聚集在一起领圣餐，纪念基督的复活，除此以外，它也是一个平常的工作日。

还有另一种一星期一天的假日：市集日。既有别于禁忌日，也有别于圣日。罗马人有一个大概是源自伊特鲁里亚人的古老传统，那就是每八天腾出一天来举行市镇会议，处理公众事务和举行集市。后来，这一天（称为 nundine，原意是"第九天"）的法律属性消失了，但它的买卖和休闲功能却继续存在。市集日是一个有用的设计，因为一般农民和市民并不拥有计时仪器，需要有个简单方法知道何时去赶集。只要间隔的时间不太长（没有冷冻设备，食物在炎热天气里很快就会腐坏），则任何固定的时间间隔都可以充当这个用途。

罗马人的"市集周"和七天制的"周"有两点差异。首先，罗马人并不为八天间隔的每一天个别命名。另外，市集日时间间隔并不完全一致：在帝国的不同地区，市集日的间隔长短不一，但最常见的是八天。

八天一次的罗马市集日虽构成了已知最古老的"市集周"，但并非绝无仅有，类似的时间间隔在全世界的农业社会都可以找到。以西非为例，五天一次的市集日相当普遍，与罗马市集周的不同之处是每一天都有命名，第五天是市集日，接下来一天是休息日。东非的阿基库尤人每四天举办一个市集日，各个地方会排好次序，轮流举行。爪哇、巴厘岛和苏门答腊实行的是五天制的市集周，古代的墨西哥和中美洲的部分地区也是如此。在阿萨姆王国，市集周长达八天；在西班牙人统治前的哥伦比亚，市集周只有三天长，而秘鲁为时十天。在古代的墨西哥，市集在各村庄每四天举行一次，有时一个更盛大的市集会在第五个间隔（也就是每二十天）举行，这样就等于一年有十八个"市集月"。

市集日的时间间隔相当一致——通常四至八天，从不少于三天至超过十天不等。市集日的主要功能是让农人可以聚在一起交换财货。但这不是唯一的功能，因为没有固定的假日，农人需要有个休息日。渔夫和猎人的生活（至今还是如此）由密集的劳动与强加的闲散交替构成。牧羊人与牧牛人的责任要重上许多，因为每天都得照顾牲口，然而与干重活的农人相比，牧人的辛劳程度还算轻。粗重和连续性的体力劳动（犁田、挖土、耕耘和收割）无不让农人需要规则的歇息时机，而市集日恰恰能够提供让人喘口气的机会。

这个理论有明确证据支持。在19世纪中叶的西非王国达荷美，每四天中就有一天是市集日或假期。据一位英国游人指出，这一天"不是被视为圣日，而是为劳动阶级而设。简言之，它是对奴隶三天劳动的酬报"。印加周的第十天同样是一天假期和市集日，据说目的是"让劳工不会觉得自己受到无间断的压迫"。秘鲁的农民应要求前往市集，以"聆听印加国王及朝廷所颁布的诏书"。就像古罗马一样，市集日不只是个可以买卖和休息的机会，也提供了一个公共社交场合。人除了交换财货外，还交换新闻、信息和知识。总之，市集让农人有一个暂时脱离其农耕孤立状态的机会，可以接触到巡回的商贩、修补匠和卖艺人。

这些社群中的大多数，其"市集周"后来都为七天制的周所取代，但市集日却继续存在。我参加过尼日利亚中部城镇贝努埃的市集，虽然市集里有卖录像带和塑料水桶这类现代的东西，但气氛想必与古代无异：摊贩的吆喝声、交头接耳声、音乐声和玩乐气氛交融成一片。这个露天市集跟明亮、安静的现代超级市场毫无相似之处，反而更像是教会的跳蚤市场或车库拍卖会，或像是至今仍在美国或加拿大乡村小镇举行的季节集市。

第一条星期日法规的出现日期可以确定无疑：公元321年，君士坦丁大帝下诏，规定"在神圣庄严的太阳日"，整个罗马帝国的官员、城市居民和工匠都不许工作。但他却刻意免去农民尽这个义务，因为罗马有个传统：即使在节庆日，必要的农事还是容许从事的。到底君士坦丁大帝下达这个诏令是因为信了基督教，还是承认越来越流行的行星周，或是肯定密特拉教？历史学家至今莫衷一是。但不管怎样，无论是在这份诏书还是在四个月后颁布的另一份修正性诏书里，都看不到"主日"的字眼。那份四个月后的诏书放宽了一些原先的严格规定，准许各种公共活动继续进行，因为"把神圣而尊荣的太阳日用在诉讼和有害的争吵上，看来是不值得的"。

第一份提到"主日"一词的诏书在君士坦丁大帝死后六十年发布。随着基督教的广泛传播，星期日同化了太阳日，成为一天都不用工作的民间假期。与此同时，教会当局开始禁止在星期日举行各种活动。例如，公元436年举行的第四次迦太基大公会议就表示不鼓励人民在星期日参加游戏竞技（但没有明令禁止）；而第三届奥尔良大公会议则主张"最好是禁绝"所有的农活，好让人"更有意愿上教堂和有余暇祷告"。

"基督教安息日"一词首见于12世纪，它的出现标志着教会开始把安息日传统嫁接到主日。自此，在星期日从事非必要性的工作，成为不可饶恕的大罪。而教士也在民法的帮助下，企图为这一天盖上一层法利赛调子的幽暗帷幕。然而，对一般人而言，星期日仍然是个欢庆天。君士坦丁大帝诏书的其中一项内容是把原本八天一次的市集日改放在星期日，尽管教会当局百般阻拦，这个传统依然继续盛行于中世纪欧洲的许多地区（匈牙利语对星期日的称呼——意谓"市集日"，就是这个传统的绪余）。而星期日上街采购这个习惯的复兴（主要见于美国，但也逐渐在加拿大流行起来），可视为是对市集日传统的回归。

中世纪的星期日既是圣日，又是民间假日。这一天普遍禁止工作，但其他活动却是允许的，包括了运动比赛、马上比武、看戏、露天表演、教区欢饮（每一次都会消耗大量麦酒）和其他各种大众娱乐活动。这一天把市集日的社交、娱乐性与安息日的宗教性结合在一起。在中世纪，神圣与世俗往往结合无间。中世纪有为数众多的节日与圣徒节日，星期日并不是唯一的圣日，这部分解释了它的宗教气氛为什么不是那么浓。

星期日的属性在宗教改革时期受到重大更易。如加尔文等宗教领袖主张，崇拜活动放在一星期中的哪一天举行都无妨（不过为了方便起见，他还是把礼拜仪式放在星期日，只是礼拜结束后他会去打木球）。但另一些宗教领袖则把星期日的礼拜仪式（以及这一整天）视为宗教生活的核心。像马丁·路德就说过："一切都是由《福音书》、洗礼和星期日的礼拜所管理与规定。"在他看来，星期日不只是礼拜的机会，也是接受宗教教育的机会：大部分路德派的成年人都会在礼拜后参加教理问答的课程。[1] 自此，星期日染上浓浓的宗教味，加上新教信仰严肃和讲求单纯的倾向，中世纪星期日那种欢乐气氛不复可见。不过，星期日这种新属性的极致表现不是在欧洲大陆而是在英国：英国清教徒最后把星期日改造为一个彻头彻尾的禁忌日。

在宗教改革以前，星期日上教堂是一种宗教义务而不是公民义务。但在 1551 年，《英国教会统一法》却规定，星期日不做礼拜的人可处罚锾。1677 年，《星期日恪守崇拜法》更进一步禁止"零售商、工匠和劳工"干活。这条法律受到最广义的解释，以至于连船夫也无法在星期日工作。1781 年，英国国会又通过一条立法，把在星期日举行任何收入场费的公众娱乐活动定为重罪。这项禁令维持了 150 年之久。晚至 1856 年，当免费的星期日乐队演奏开始出现在伦敦各大公园时，坎特伯雷大主教还出面反对，让这种活动戛然而止。同年，下议院拒绝审查一项让国家美术馆和大英博物馆在星期日下午开放的提案。

严厉的星期日立法会移植到美洲殖民地并不奇怪，因为许多英国殖民者都是清教徒。美洲的第一条星期日法规出现于 1610 年的弗吉尼亚殖民

---

[1] 反宗教改革运动（Counter-Reformation）同样强调星期日弥撒的重要性，而到了 18 世纪，星期日的晚祷也同样受到强调。

地，规定所有男女必须在星期日早上参加礼拜，在下午参加教理问答课程。初犯者会被剥夺一星期的配给，再犯者处鞭刑，三犯者死刑。最后一项刑罚很少实际执行，但规定星期日必须参加礼拜，以及不得从事工作、旅行、运动和其他轻浮消遣活动的法规，却同样存在于马里兰、马萨诸塞和康涅狄格等殖民地。这些法规后来也成了所有新建美洲殖民地（包括卡罗来纳、纽约、宾夕法尼亚、新罕布什尔、缅因和新泽西）的瞩目特色。

"蓝色法规"四处蔓延——会这样称呼星期日法规，是因为1781年在纽黑文发布的星期日法规是写在蓝色纸上。尽管"蓝色法规"清教徒式的严格解释在美国独立战争后已告式微，但安息日的传统却一直维持到今天。这个传统的势力在马萨诸塞州和马里兰州最为强大，而晚至1985年，美国仍然有39个州禁止星期日的活动：要么是全面禁止所有商业和劳力活动（有22个州是这样），要么是禁止某些特殊活动。后者千奇百怪：禁理发，禁打木球，禁打撞球、宾果游戏、马球或扑克，禁赌博，禁赛马，禁打猎，禁看电影，禁卖车，禁吃鲜肉或饮酒，禁拳赛或摔跤比赛，禁大众舞会或体育活动，禁挖生蚝。

皮珀指出："假日的节庆感系于它的殊异性。"儿时，星期日给我的感觉就是不同于平常日。首先，我们起床比平常晚，早餐也吃得比平常晚。然后，我和哥哥会像爸妈一样，换上不同于平常的衣服，这是专为星期日而穿的体面行头。我们会上教堂，而这件事占去星期日早上的大部分时间，并为接下来一整天的气氛定调——这种气氛，与其说是圣洁，不如说是特异。我记忆很鲜明的不是弥撒的过程，而是坐车回家时的感觉：包括了履行完一种严肃义务的愉快满足感与当天严肃部分已经过去的放松感。

周日午餐也同样特别，至少，那是个吃特别食物的场合。还不至于有烤牛肉或约克夏布丁上桌（我父母的"亲英性"还不到这种程度），但却是比平日更加精致的菜肴。周日午餐也是招待客人的场合，我父亲总会在行过某些仪式后，把一瓶葡萄酒摆上桌。我现在已明白，这顿"安息日大餐"确实是一种庆典，是一种对星期日神圣性的默认。

星期日是一家人相处的日子。我已经不记得星期日下午一家人开车兜风的情景，但我们应该有时会这样做，尤其在我还小的时候——当时拥有一辆汽车是很新鲜的体验。有时我们小孩子会骑自行车到周遭一些有网球场的"游艇俱乐部"去——尽管名字气派，但"游艇俱乐部"只是一条供人下水游泳的河边突堤，连一艘船都没有。

星期日要结束前还会有最后一个提醒：20世纪50年代的美国综艺节目《苏利文秀》。我们会带着信仰般的"虔诚"心情观赏。我用"虔诚"二字完全不会不妥帖，因为除了杂技表演、变魔术和滑稽剧以外，它还有一段严肃的节目（诗歌合唱或戏剧朗诵之类的），把原先的笑闹气氛冲淡，而我想，这是对星期日这个特别日子的一种默默承认。这节目是合家的娱乐，但也是星期日的娱乐，而主持人出了名的正经八百的态度，既是因为考虑到前者，当然也更因为考虑到后者。

苏利文（Ed Sullivan）这个人就像大部分电视上的人物一样，让我们感受到一种异国情调。这不奇怪，因为我们住在加拿大的魁北克，也就是加拿大的法语区，在这一区，信仰以天主教为主流。传统上，天主教对星期日的限制要比新教来得少，像大部分的欧洲天主教国家就没有星期日法规（以西班牙为例，斗牛传统上都是在星期日下午举行）。但魁北克的情形有所不同，在英王乔治三世统治时期，英国的星期日法规施加于此地。话虽如此，因为这项法规从未被严格执行，魁北克的星期日还是要比加拿大其他地区自由。

加拿大法语区和英语区对安息日的不同态度本来乏人关注，但 1906 年的一场激烈辩论却改变了一切。辩论的焦点是应不应该订立全国性的星期日法规。对阵的主要两造是以天主教为主的魁北克以及以新教为主的安大略，而它们之间的龃龉，让人联想起 17 世纪英国教皇派与清教徒之间的论争。"新教主日联盟"不但企图禁止一切星期日的商业活动，还想要禁止电车、火车的行驶和各种"公共景观"。不过第一位当选总理的法裔加拿大人洛里耶爵士却这样告诉国会的一位新教徒议员："在魁北克省，我们守安息日的方法是不同的——虽然我不会说我们的方法要比别人好。我们省的每一个人都会在早上上教堂，到了下午，他们有自由爱做什么就做什么。年轻人会踢踢足球，而我知道，有些基督教社群是反对星期日踢足球的。例如，我知道尊驾的选区就是把年轻人在星期日踢足球视为道德上的大罪。"

就像加拿大历史上屡见不鲜的情形，这场文化冲突最后以妥协落幕。《主耶稣主日法案》一字不改地获得通过，但却附加了一个修正案，给予各省的检察总长执法的裁量权，而且还容许各省通过修改性法案。因为有了这个修正案，联邦的星期日法规在魁北克形同具文。

就这样，魁北克一如既往容许运动比赛和大众娱乐在星期日举行。公司和工厂固然得休息，但小商店照开不误。这使得魁北克的星期日带点中世纪星期日的节庆气氛，但也一如中世纪，教会对这种轻浮深感不满。1922 年，受一封谴责星期日纪律废弛的牧师公开信的激励，卫道之士成立了一个"星期日联盟"。有 14 年时间，这联盟都拼老命推动安息日的立法，但因为从政者知道大众的好恶，拒绝订立更严格的法规，使得魁北克继续是电影院会在星期日营业的唯一加拿大省份（这也是受 20 世纪二三十年代弥漫于魁北克的反犹太人风气所影响）。

星期日法规的松弛执法与教士的严厉呼吁，其间的矛盾在魁北克持续了好几十年。在我儿时的 20 世纪 50 年代，我可以在星期日去看电影或进行运动比赛；更年长一点后，我还可以在餐厅里点一杯饮料或在好商量的街角商店里买到一瓶啤酒（卖酒在星期日是不合法的）。尽管这样，星期日的气氛并不全然无拘无束，教区的神父俨然就在你身边。除了上教堂的人以外，街道空空荡荡——空荡得像等待星期一洗涤衣物的晾衣绳。也没有星期日发行的报纸。

我记忆中的星期日是个"游手好闲日"，没有什么家事要做：不需要吸尘，不需要洗衣服，不需要在花园里挖土。不过也有例外的时候，偶尔，父母会叫我到前草坪去除草。身为一个认真学习教理问答的学生，我知道这一类工作是教会禁止的；而身为一个规矩的少年人，我也担心邻居对我这样公然而招摇地抵触安息日会做何感想。在小草坪上推着除草机的时候，我会幻想有一双双秘密眼睛从掀起的窗帘后面看我，隐隐感到自己已被烙上一个猩红字母（中世纪犯奸淫的妇女会被人在胸前烙一个猩红色的 A 字）。

我儿时的星期日并不是中世纪的欢庆天，不是清教徒的严肃假日，也不是波利尼西亚人的邪日。但又可以说三者皆是：是休息日、圣日和禁忌日的奇怪结合。这种有别于传统的融合，意味着星期日的意义将随着时光的推移继续有所演变。说不定演变为休息日味道更重的一天，让人可以从忙碌的工作中恢复过来——不只是从身体疲劳中恢复，也是从心理疲劳或单调无聊中恢复。而如果人降低了物质欲望，则星期日的宗教性、礼拜性功能未尝不可能再次受到强调；但也不能排除它会变得更世俗化：成为逛商场的一天，而非学习教理问答的一天，变成市集日而非禁忌日。

第四章

星期日在公园

以星期日为题材的画作为数不少，但有一幅却绝不能不提：法国画家修拉（Georges-Pierre Seurat）的《大碗岛的星期日下午》（*Un dimanche après-midi à l'Île de la Grande Jatte*）。从 1884 年晚春开始，整整六个月时间，这位年轻画家每天都到大碗岛，为构想中的那幅画画一些颜色效果图和素描稿。星期一到星期六，他观察的都是作为油画背景的风景元素，不过到了星期日，当平常空荡荡的公园挤满游人时，可以想见，修拉的注意力一定是从风景转到了人的身上。

大碗岛位于阿涅尔与克利希之间的塞纳河河段中央，塞纳河从此处起沿巴黎市区的西北边缘流过。今天的大碗岛已完全都市化，天际线雄踞着距此不远的未来派建筑拉德芳斯新凯旋门。不过，在 19 世纪，它却是另一类现代事物即城市郊区的所在地。巴黎市郊是 19 世纪 50 年代第二帝国政府改造巴黎的产物。从市中心工人阶级居住区通过的新辟通衢大道，让许多人失去家园。当新的铁路修筑完成，让人可以搬到城墙之外居住之后，很多人（包括贫穷的工人）都搬了出去。与此同时，工业化又吸引了很多人从农村向城市集中。到 1900 年，巴黎拥有两百五十万居民。城市幅员同心圆式扩大：最接近城市的一圈是工人住的贫民区；离城市稍远的一圈是中产阶级的居住区，房子整洁井然；最远一圈位于铁路到不了（也就是一般民众到不了）的所在，坐落着一栋栋上层中产阶级的时髦豪宅。

巴黎较佳的市郊住宅区位于城市南面；城市北面的市郊则以工业用地为主，即克利希。它位于通往英伦海峡各港口的铁路干线上，另有塞纳河上的大型游船来来往往。市内错落着工作坊、工厂与冒烟的煤气厂，以及一排排肮脏的廉价住宅。与之隔河相望的阿涅尔是小中产阶级的居住区，风貌半乡村半城市。狭长的大碗岛位于两者之间。因为小得没有什么实际用途，其林木扶疏的原始状态才得以保存，成了汤姆森（Richard Thomson）所形容的那种"介于中产阶级循规蹈矩与无产阶级敷衍怠忽之间的无人岛"。

整个19世纪的下半叶，大碗岛是那些想在乡间（或有乡村风味之地）消磨一天的巴黎人的偏爱去处。起初是个泛舟胜地，后来又成为闲逛和野餐的中心。对不想跑太远的人，这是个便捷的去处：从圣拉扎尔火车站坐火车只有四公里的路；住得靠近星辰广场的人可以坐公共马车，沿纽利大道前往；对体力好的人，自行车是另一个选项，如果买得起自行车，那么骑一辆装有米其林充气轮胎的自行车前往大碗岛将是一趟舒适之旅。

就像许多巴黎画家一样，修拉深深着迷于市郊奇特的景观——既田园又工业化，既有田野又有工厂。这种兴趣出现得很早，因为父亲在巴黎东北的市郊拥有房产，修拉早期一些图画就是在那里完成的。1881年，修拉二十二岁，市郊题材开始出现在他的作品中。两年后，他固定到阿涅尔写生，大概是坐火车去的，因为修拉住在蒙马特尔区，离圣拉扎尔火车站不远。

修拉的第一幅重要作品是《阿涅尔浴场》（*Une Baignade, Asnières*），画一群在塞纳河游泳的年轻人，有些在水里，有些在河岸的草地上或坐或卧。气氛充满了暑意。大碗岛位于背景远处，它的苍翠跟更远处克利希的桥梁与冒烟的工厂烟囱形成鲜明对比。尽管有这种意象冲突，但这幅画并没有社会批判意图。身为中产阶级，修拉要呈现的只是中产阶级的场景。从画中人的服装（圆顶硬礼帽或硬草帽、白衬衫、松紧靴）以及得体的姿势判断，他们并不是工厂工人。大概是商店店员或办公室雇员，住在阿涅尔，下班后来这个河岸草地透透气，游游泳，欣赏舟船划过粼粼波光的景致。修拉这幅画把市郊描绘成一片休闲场所。

一完成这幅画，修拉就开始着手下一幅作品。这次他选择的地点是河对岸的大碗岛。《大碗岛的星期日下午》完成于 1886 年，不管是题材的选择还是构图，都要比《阿涅尔浴场》更有野心。画面是一片河岸，树木扶疏，在下午太阳的照耀下，树的长影斜曳地上。修拉在画面里安排了许多人物，有男人，有女人，还有小孩。有些人在散步，有些站着，有些坐在草地上。大部分人都面向河水，凝视对岸的阿涅尔。穿过树木看得到一小段塞纳河，河面的拥挤比起岸上亦不遑多让：好些帆船、一艘划艇、一艘四人赛艇、一艘蒸汽船、一艘拖船，还有船尾插着三色旗的阿涅尔渡船。

修拉在这幅大油画（207.6cm × 308.0cm）里塞进四十多个人物。一个女人站在河边，手靠腰际执着钓竿；附近有个男人和女人各自站在水滨，石像般一动不动；一对夫妻抱着襁褓中的婴儿；两个士兵肩并肩溜达；穿白洋装的小女孩乖乖牵着保姆的手；一个戴着奶妈帽的矮胖背影默默坐在同伴旁边，对正面近处吹喇叭的男子置若罔闻。画面阳光普照但气氛却一派懒洋洋，透露出那是一个大热天。动感呼之欲出，又有强烈暗示性，对一个现代观画者而言，就像在看一出以接近零转速放映的电影：人物动作以慢得感受不到的速度展开。

修拉的方法有条不紊，构图小心翼翼：事先一共试画了三张油画、三十幅颜色效果图和大约二十六幅草图。这种仔细恰恰呼应了他所选择描绘的题材——凡事一板一眼的中产阶级在星期日的娱乐。但这会不会是个太简化的解读呢？澳大利亚画家罗素（John Russell）指出："《大碗岛的星期日下午》是幅世世代代都可从中看出新深意的伟大画作。"在很多人看来，此画的价值在于修拉对光线的纤细诠释，对简单形状的高明布置，当然还有"点描派"的技法。此画首展时，很多评论家都认为修拉的风格太原始，几近漫画。也有人认为他是故意的，是为了挖苦他所画的对象。波莱（Alfred Paulet）评论"第八届印象派画展"的时候说："这幅画企图显示那些走来走去的散步者是毫无欢乐可言的，他们只是遵循一个大家普遍接受的意见：星期日就应该去散步。画家赋予人物有如铅制玩具士兵的机械化姿势，让他们在一个受到严密控制的广场逛来逛去。"由于画家本人没有提供任何说明，观画者只能自行判断：修拉的目的是嘲讽这些星期日的散步者，还是只是在如实描画他们。有意思的是，修拉的画题并不只标明地点（这并没有不寻常），而且还特别标明是一星期中的哪一天。在《大碗岛的星期日下午》中，修拉刻意以缜密的方式处理一个让他入迷的主题：工业化时代都市人休闲活动的特质。这个主题也是许多与修拉同时代的画家深深着迷的。

修拉所描绘的景致，成分相当现代：下午逃离城市，到公园去散步，或是坐在草地上，或是到河上弄舟，或是在岸边钓鱼，或是带宠物溜达。如果我们把画中人物的衣着更新，拿掉那些洋伞，加进几个玩飞盘的小孩和提着手提音响的少年，那画面就与夏天的星期日下午我们在纽约中央公园或蒙特利尔皇家山公园之所见无甚差异。

今天距修拉画出《大碗岛的星期日下午》已经一百多年，在某些意义下，人的休闲方式迄今并没有多大改变。但如果从修拉的时代再往前追溯一百年，情形却大不相同。英国历史学家坎宁安（Hugh Cunningham）指出："在 1780 年，没有人能够预见一百年后的休闲方式。反之，在 1880 年，休闲方式的未来发展方向却是一清二楚的……没有任何今日的休闲方式是不见于 1880 年的。"

坎宁安认为事情的关键在于所谓的工业革命。一般认为工业革命是一件掀天揭地的事件，是个分水岭——现代世界处于分水岭的这一头而前工业社会则处于另一头。然而这种观点带有误导成分，"工业革命"一词是由英国历史学家汤因比（Arnold Toynbee）推广开来的，暗示着一个突然而激烈的改变。但事实上，工业化是一个历时一百多年的过程。转变发生在 1780 年与 1880 年之间，结果不但带来许多工业上的新发明，还带来了许多社会制度与商业上的创新，其中许多都是前所未见的。

但有一点坎宁安倒是没说错，到了 19 世纪 80 年代，也就是修拉画出那些市郊景致的年代，休闲已经可以说是拥有了"现代"的面貌。再早个一百年，休闲的面貌是迥然不同的。这个演化是怎么发生的呢？要回答这个问题，且让我们回到 18 世纪上半叶的英国（也就是工业化刚起步的英国），一瞥当时流行休闲活动的面貌。

1700 年至 1750 年间的英国是极其富裕的国家——打败西班牙和葡萄牙取得了海上霸权，也因此取得了世界的商权。经济空前繁荣：来自印度、亚洲、西印度群岛和北美洲的货品源源流入，更不用说来自欧洲大陆的货品（当时欧洲大陆仍是英国最大的贸易伙伴）。由于富足是休闲的前提，因此这个时期的英国人会把追求快乐看得比从前更重，是顺理成章的事。人花在家居舒适上的金钱巨额增加，这也使得房屋、陶器、瓷器的精美程度前所未有。很多优秀的家具设计师在这个时期出现，他们的作品至今仍然备受推崇。

18世纪初期，英国社会的一个新特色是财富普及——至少是比过去普及。"有闲阶级"不再只有贵族和地主士绅，而是兼含了中产阶级。他们居住的是乔治式排屋，使用的是奇彭代尔（Chippendale）、赫普尔怀特（Hepplewhite）或韦奇伍德（Wedgwood）设计的家具。

最能反映新时代特性的，莫过于咖啡、茶和烟草这三种奢侈品的惊人风行。咖啡在17世纪50年代引入英国，迅即成了时髦饮料，及至1700年，单是伦敦一地就有两千家咖啡馆。茶与咖啡差不多同一时间传入英国，但因为价钱昂贵，流行的时间较晚，后来随着远东贸易量的增加，茶的售价下跌，消费量大幅增加，最后，茶的售价甚至比咖啡还便宜，而且比另一种受欢迎的时髦饮料（巧克力）便宜更多。在1700年，英国的茶叶进口量是2万磅（约9吨），60年后却是500万磅（约2268吨）——这还是官方数字，从法国非法进口的茶叶大概数目与之相当。第三种流行商品是烟草，许多当时的社会评论家都视之为"毒药"，有用来吸的，有用来嚼的，也有用来当鼻烟的。

咖啡、茶和烟草都不是什么新鲜事物，但18世纪初，它们在英国和欧洲大陆的消费都风起云涌，为什么会在这段特定时间大受青睐并不容易解释。法国历史学家布罗代尔（Fernand Braudel）认为，理由可能出在咖啡、茶和烟草都是刺激物，可以提振人类因特定的饮食不足而导致的精神萎靡。这个解释在法国和德国可能说得通，却很难适用于英国，因为英国人的卡路里摄取量普遍很高；遑论荷兰（饮茶的习惯就是从荷兰传入英国），因为这个国家以暴饮暴食知名。另一个解释是咖啡、茶和烟草的流行反映出人有更多的闲暇时间。这个解释听起来更有说服力，因为这些东西毕竟不是主食，人只有在工作之余想"歇一歇"的时候才用得着咖啡、茶和烟草。

这些奢侈品消费量的增加，除了跟许多人的财富增加有关，也是企业家越来越高明的营销技巧推波助澜的结果。拿破仑曾贬抑英国是一个由店主构成的国家，但说它是由顾客构成的国家或许更为贴切。18世纪初，英国休闲生活最让人惊讶的一点，与其说是很多人都可以享有休闲的机会，不如说是可供休闲的消费项目（包括了物质性与文化性的项目）多得让人目不暇接。著名史家普拉姆（J. H. Plumb）指出："17世纪晚期英国文化极度贫乏：没有报纸，没有公共图书馆，除伦敦以外没有剧院，任何地方都没有演奏会，没有任何种类的画廊，没有博物馆，几乎没有植物园，也没有组织性的运动比赛。"在接下来的一百年，一切都改变了。

阅读人口多寡是闲暇的好指标，因为阅读所需要的不只是金钱，更重要的是时间。除报纸外（第一份英文日报创刊于1702年），人们主要阅读杂志。杂志是乔治王时代的新发明，为数有几十种。大部分都属综合性杂志，《绅士杂志》《仕女杂志》《闲谈者》《漫步者》《闲散者》和著名的《观察者》（每日一期）皆是如此。但也有针对特定兴趣（如时装、音乐、园艺）的专门杂志。以现在的标准看，当时最成功的月刊发行量都不算大，只有大约一万份。但读者数却远超于此，因为除了购买外，还可以通过其他渠道读到杂志：咖啡馆和酒馆会提供免费阅览，付一点小费用就可以在所谓的"新闻室"（报刊阅览室）读到，而在流动图书馆（在外省很普遍）也有供应。

杂志是专为休闲设计的产物。就像报纸一样，提供信息，但也提供娱乐。意见要比今天的杂志专断，通常完全出自一个人的手笔：《漫步者》和稍晚的《闲散者》都是英国作家约翰逊（Samuel Johnson）一人执笔；英国记者兼评论家笛福（Daniel Defoe）则每周写三期的《评论》。一本综合性杂志包含文章、政治评论、时事讽刺、八卦消息和连载故事。一般认为连载故事是 18 世纪的伟大文学发明——小说——的前身。

小说的形式及名字源自北意大利，但英语小说的第一次开花结果却是在 18 世纪 40 年代。理查森（Samuel Richardson）的《帕梅拉》和《克拉丽莎》、斯摩莱特（Tobias Smollett）的《蓝登传》、菲尔丁（Henry Fielding）的《约瑟夫·安德鲁斯》与《汤姆·琼斯》全都在这十年出版，读者很快就对这种文类如饥似渴。小说在英国从一开始就是商业冒险，《帕梅拉》堪称第一本现代英语小说，也是作者的第一个文学创作尝试。它由两家印刷厂斥资出版，六个月内就印行了四版，充满企业精神的理查森于是再写了一个续集。18 世纪的出版商相当有生意头脑，想出了利用分集出版的方法来降低每册售价，既可嘉惠较穷的读者（这样的读者很多），又可以增加销路。大为畅销的《克拉丽莎》就是以这个形式出版：第一年出两集，第二年出两集，最后三集赶在第三年圣诞节前出齐。另一个分集出版的例子是斯特恩（Lawrence Sterne）的《项狄传》，全书共九集，历经八年才出版完毕。

再没有什么活动比读一本小说需要更多的闲暇。它要求安静的环境、舒服的椅子和不受打扰的时段。报纸和杂志大可以在嘈杂的咖啡馆阅读，但小说却是不同的产物。小说的出现标志着一种新型休闲活动的诞生：内向性、私密性、个人化的休闲活动。而这一点，多少跟这段时期的恋家风气高涨有关。

尽管如此，个人休闲活动的普及化毕竟还远在未来：在18世纪初，大部分娱乐仍然是集体性的活动。剧院的数目在此期间呈爆炸性增长，大城市或较小的外省城镇皆然。在1700年至1750年间，先后有一千多部戏剧上演，而因为有较便宜的"午场"出现，看戏也不再是有钱人的专利。一般大众可以看的还有滑稽歌剧、哑剧、木偶剧。在18世纪的后半叶，剧院的数目继续成长可观，而新戏的数目也增加了一倍。

各种新型的大众娱乐活动陆续开发出来，其中最受瞩目的首推马戏表演。"马戏团"一词来自休斯（Charles Hughes）在1782年成立的"皇家马戏团"，但马戏团的真正发明者却是阿斯特利（Philip Astley），他在1768年举行了第一场马戏表演。阿斯特利是特技骑师，把哑剧、翻筋斗、杂技和小丑引进演出中。他的马戏团根据地设于伦敦，但每年冬天都会获得法国皇后玛丽·安托瓦内特（Marie Antoinette）的资助在巴黎演出。没多久，英国所有大城市都有了常设的马戏团场馆；到1800年，有数十个较小型的巡回马戏团（通常都是由阿斯特利训练出来的人负责）在外省各地演出。

随着音乐协会和季票制演奏会的出现，音乐也开始普及化。第一个定期性的演奏会开始于1672年，主办者是小提琴手班尼斯特（John Bannister）。几年后，煤商布里顿（Thomas Britton）把货仓的阁楼改装为

"演奏室"，每星期举行一次独奏会，吸引了一些名家来献艺（包括亨德尔），而伦敦大众也是从这里初识一些欧洲大陆当红作曲家（如维瓦尔第）的作品。客栈和酒馆通常都设有小演奏厅，到了18世纪中叶，更出现了约克大楼和希克福特厅（年轻的莫扎特曾在此演奏）这些著名的音乐场所。到最后，音乐演奏会再也不在凑合的空间举行，而由更宽敞的厅堂取而代之。

演奏会和戏剧被当成生意来经营，就像所有商业性娱乐一样也需要宣传来促进。这正是报纸和杂志派得上用场之处：报章杂志不只可以用评论的方式来推介演奏会或戏剧，还可以为它们打广告宣传（广告是另一项乔治王时代的发明）。反对广告的人贬称其为"吹捧"（Puffery），但它对戏剧和音乐的推广具有关键作用，而新书和各种运动比赛也少不了广告的帮忙。

例如，赛马活动会风行起来，报纸就厥功至伟。报纸不只宣传赛事，还登载比赛结果。18世纪初是赛马从地方性娱乐转变为全国性产业的开始：赛马会成立于1725年，制定了标准比赛规则；《赛马日程》排定了全国性赛马活动的日期；《良马血统总录》详加记载马匹血统。另一种在这时期流行起来的体育活动是板球。虽然某种形式的板球两百年前就有人打，但第一场记录在案的板球比赛举行于1700年。报道这场比赛的报纸《邮童》躬逢其盛，这也是第一份非官方经营的伦敦商业报纸。报纸的宣传对板球的大众化功不可没，最后吸引了大批观众到板球场去。但他们被吸引，倒不是因为球赛本身引人入胜，而是因为板球赛特别适合拿来赌博。比赛本身也是高度商业化：很多球员都是受薪的，财源或来自板球会会员的会费，或来自打赢球赛的奖金，或来自门票收入（与开放式的赛马场不同，板球场都是有围篱的）。这种运动的推动者包括了企业家洛德（Thomas Lord，盖了一座以自己名字命名的板球场），以及饭店老板史密斯（George Smith），他经营一家炮兵板球场，每次比赛都可以吸引两万名观众，每人付两便士，就可以在场内吃喝赌，高声喧闹，自我娱乐。

如果要挑选最典型的乔治王时代娱乐，入选的不是广告牌球赛或读小说，而是斗兽。血腥运动不是 18 世纪的新发明：斗鸡在英国已有一百年历史，而"纵狗斗熊"的历史还要更久些。然而，推动剧院、阅读和赛马发展的同一股商业力量也介入了斗鸡场和斗熊场的经营，让这一类活动盛极一时。客栈老板既乐于为社交俱乐部、演奏会、戏剧、政治社团甚至图书馆提供用地，也乐于为拳击和五花八门的血腥运动提供活动空间。

这是供一群男人（大众休闲活动在当时仍主要是男人的专利）喝酒，喧闹，赌博并被鲜血刺激感官的机会。比摔跤和拳击还要受欢迎的是动物相斗，有时是同一种动物之间的厮斗（鸡或狗），有时是不同的动物（几只狗对一头可怜的熊、獾或公牛）。英国人不分贫富，都对这一类活动入迷不已。

这些比赛可以拿来赌博，无疑是其大行其道的重要原因——就像所有富庶社会一样，18 世纪的英国也是赌风大炽。血腥比赛的刺激性是另一个吸引人之处。乔治王时代的英国大众从任何角度来看都是激情洋溢的一群人——不管是汉布尔登的板球明星奈伦（Richard Nyren），还是伦敦鸡笼步道斗鸡场的一只冠军斗鸡，都会让他们如痴如狂。

还有一个因素大大助长了这种激情：烈酒，主要是廉价的琴酒。据统计，在 1700 年至 1735 年，英国每年的合法琴酒生产量从 40 万加仑（约 181.8 万升）增加到超过 400 万加仑（约 1818.4 万升），而这个数字还没有把为数可观的非法酒和家酿酒算进来。

琴酒、白兰地、朗姆酒与各种谷物酒类会在全欧洲大肆流行，乃是缘于 18 世纪蒸馏技术进步。生产成本大大降低，让酒精可以从很多种不昂贵的可发酵原料（黑麦、小麦、玉米、大麦、甘蔗、马铃薯、苹果以及一般果类）蒸馏获得。在英国，琴酒消费量的骤升（后来是朗姆酒）乃是头脑精明的酒馆老板推波助澜的结果：他们看出把饮酒、赌博和运动比赛结合在一起，利润会更可观。

18 世纪前半叶是普拉姆所称"休闲商业化"的开端。这种趋势将会贯穿整个乔治王时代和维多利亚女王时代。但值得注意的一点是，受到生意人推广的，并不是（如一般所以为的）传统或业余的娱乐，而是板球、音乐、马戏、戏剧、杂志、小说、赛马这些非传统且专业的活动。这点特别值得指出，因为我们一向以为商业化的休闲活动（时至今日则几乎所有休闲活动莫不有商业化成分）乃是对"纯净"休闲活动的粗鲁扭曲。

酒吧和客栈是大众娱乐（无论拳击、板球赛或音乐演奏）的重镇。然而，商业与游戏的愉快结合却无可避免会带来一个问题：酗酒。布罗代尔指出："到了 18 世纪，伦敦社会各阶层从上到下嗜饮琴酒，不醉不休。"普遍酗酒的趋势在 18 世纪达到空前高度，并带来许多副作用：社会不安宁，家庭破碎，人们健康状况普遍不佳。这个时期的死亡率之所以居高不下，相当大一个原因是漫无节制地喝酒，特别是家酿私酒——这种酒往往质量欠佳，对身体有毒害性。[1]

烈酒风行的原因是价钱极便宜，只课很低的税——不像啤酒。在 18 世纪 30 年代断断续续出现提高烈酒税的建言，却都无疾而终，因为每一次都引来广泛骚动。1751 年的《琴酒法》加重琴酒的赋税，又对酿酒商的零售行为加以诸多限制。此举固然有助于压抑烈酒的消费，但要等到一百年后，英国首相格莱斯顿（William Ewart Gladstone）对烈酒课以极重的赋税，大众嗜饮烈酒的习惯才扭转过来，而啤酒也恢复其传统地位，再度成为人们饮用的主要酒类。

由于饮酒跟许多娱乐活动关系密切，社会改革家和教会人士在挞伐饮酒之余，不免也把矛头指向其他娱乐。19 世纪以前，中产阶级一般都视比赛和体育为不入流的活动，血腥的运动尤其成了社会改革家和教会人士的箭靶。不过要经过很多年，才正式立法禁止纵狗斗熊和斗鸡（分别在 1835 年和 1849 年被禁）。拳击一样受到非难，但存续时间要更长，直到 1866 年，《昆斯伯里规则》才禁止不戴手套的拳击赛。当然这并不代表这些活动马上绝迹，非法的比赛还在私底下举行，只是已大大减少。

赛马却没有遭禁，因为它提供很多赌博的机会，让上层阶级乐于将其据为己有。原先凑合的越野赛马通常都是由客栈老板主办，但有组织的赛事逐渐取而代之，而比赛也改在常设的场地进行。1740 年，国会立法限制小型地区性赛马的数目，鼓励贵族参与这种运动。自此，贵族成了赛马的主要赞助者。他们饲育马匹，聘请专业骑师，举办诸如圣烈治、德比、奥

---

[1] 直到 19 世纪中叶为止，工作时喝酒还是光明正大的行为，人们并不需要偷偷摸摸地喝，而不同行业有不同的饮酒文化：画家嗜饮朗姆酒，裁缝师则偏好琴酒。

克斯等大赛，让赛马成为重要的社会盛事（三者都创办于18世纪70年代，后来成为五大"经典赛事"的一部分）。与此同时，正式的公开投注在好些赛马场出现，更进一步吸引了低下阶层的参与，他们虽然无缘坐进有钱人的包厢，但还是乐于与站在跑道旁的名媛士绅混成一片。

有钱人把大众运动占为己有的现象在19世纪继续发酵。职业的巡回板球队被由各郡球队组成的组织取代，球员为上层阶级和中产阶级的成员，而且全都是业余选手。1860年至1880年这段时间名副其实是由郡代表队主导的，因为职业选手根本打不过业余选手。这是板球引入英国贵族公学的结果：业余板球把嘈杂喧闹的运动转化为彬彬有礼的绅士消遣。从19世纪40年代起，足球（原为工人的消遣）也开始成为上流社会的运动。它被改名为橄榄球，比赛规则经过变更和定型化，为许多公学所吸收。传统方式的足球（与橄榄球的最大不同是手不能碰球）被称为英式足球（association football 或 soccer），继续深受无产阶级喜爱。

19世纪也是休闲越来越私人化的时代，推动者是中产阶级。中产阶级把家的地位捧到从前无法想象的高度，投注大量金钱在家居与装潢上，也把相当多的闲暇时间消磨在家里。大约也是这个时候，另一种休闲制度出现了：私人俱乐部。加入私人俱乐部让人可以把群众挡隔在外。发生在赛马、板球和足球这些运动上的转变，全都反映出有钱人的一个普遍渴望：跟一般大众保持距离。

休闲同时也是可以用公开方式宣示地位的方法，猎狐和射击会大为流行，原因正在于此——根据法律和习俗的规定，那不是一般人可以参加的。19 世纪前半叶也是帆船蔚为流行的时期，这种消遣是炫耀性消费的理想选择。很昂贵，也因此具有高度排他性。驾驭风帆者只要把船开到湖中央就能远离群众，根本用不着架设围篱之类的，同时又可以享受被岸上的人看到、艳羡和忌妒的满足感。

然而，休闲活动按社会阶级而区隔的现象并不是全面性的，就在维多利亚女王时代中叶，出现了几道相反的潮流。其中之一是"理性娱乐运动"。起初只是个中产阶级现象，旨在提倡流动图书馆、文学社团和大众讲座，但最后却把注意力转移到一般大众身上，想要让工人阶级得享一些有条理性、教育性，能自我提升的娱乐，而不是终日流连酒馆或赌坊。这当然是一场艰苦的战斗，不过却带来了一些具体的结果，包括博物馆在假日免收门票，以及通过了一些法令，让市政当局可以建立图书馆、博物馆和公园等各种大众休闲场所。尽管这种理想的物质体现（建立一些所有人都可以去的娱乐地点）还要经过很多年才始告达成，但在转变社会认知上却厥功甚伟。它让休闲从一种商业现象转变为公众关切行为。

另一个推动 19 世纪休闲活动（特别是星期日休闲活动）平民化的力量是火车旅行的出现。有了火车，演艺人员（马戏团员或流动戏班的演员）的输送要比从前迅速和方便，所以外省的观众也可以欣赏到如同都会区水准的娱乐。更重要的是，随着旅费降低，更多的人负担得起到远一点的地方开开眼界。这一点让商品展览会和游乐园等大型娱乐事业得以茁壮成长。大型的赛马场也同样受惠，因为火车可以把各阶层的人从一段远距离之外集中过来。正如坎宁安指出的，在 19 世纪，"工人坐火车不是为了上班，而是为了找乐子"。当水晶宫（一座由玻璃和钢铁构件组成的巨型展览厅）在 1854 年于西德纳姆重新组建后，因为有铁路连接伦敦，坐火车"到郊外一日游"的观念就应运而生。为了吸引大众，铁路公司在假日降低火车票价，并举办星期日短程旅游活动——不只有去参观商品展览会和赛马比赛的，也有到海边去的。如布赖顿或布莱克浦这些过去为有钱人专享的度假胜地，自此也看得见一日游的游人。

乔治王时代的休闲总是一帖工作的对症药剂：把参与者从无聊乏味的工作场所移置到多姿多彩的运动比赛或大众娱乐场所。有了铁路之后，所谓的"移置"就不再只是比喻，而是名副其实：铁路把维多利亚女王时代的工厂工人带离局促的工业化城市，并带入一个比较亲善的环境中。

星期日（以及休闲）在 19 世纪最后二十五年所经历的巨大转变，被修拉精彩地画入了《大碗岛的星期日下午》中。从圣拉扎尔火车站搭火车到大碗岛车程短暂，所能提供的恰恰是人在星期日所向往的怡人事物：新鲜空气和青翠环境，可以泛舟，钓鱼和野餐，让人可以逃离巴黎市区。当时的巴黎市区就像伦敦，交通和人口都越来越拥挤。大部分的房子局促而阴郁，照明和通风都欠佳。这类城市是不利于健康的安居之处：直到 20 世纪初，伤寒、霍乱和天花一再爆发。这就难怪大部分巴黎人都向往可以到外面透透气——哪怕只有一天也好。

他们到外头会做些什么呢？乍看之下，《大碗岛的星期日下午》里的人物，除了溜达，什么都没做。19 世纪把"到公园散步"的观念看得很认真。散步本身有益身体，而在大自然的环境中散步可以怡情养性——这也

在《大碗岛的星期日下午》中，修拉刻意以缜密的方式处理一个让他

入迷的主题：工业化时代都市人休闲活动的特质。

——维托尔德·雷布琴斯基

《等待周末：双休日的起源与意义》

Georges Seurat

A Sunday Afternoon on the Island of La Grande Jatte

1884–1886

Helen Birch Bartlett Memorial Collection. The Art Institute of Chicago

是爬山和健行蔚为流行的原因。第一批公园都只为散步而设，不包含其他设施。辟建公园是为了提供给居民一些"文明的"娱乐。一位曼彻斯特作者语带赞赏地指出："在星期日，他们（指大众）会到这些公园去，不再流连斗狗场、玩掷硬币游戏或泡啤酒店。"他后面又补充说："他们也接受教导，应该穿比较体面的衣服（到公园去）。"

大碗岛不是个正式的公园，但跟一般公园有颇多共通之处。修拉观察的那些散步人物大多衣冠楚楚：绅士穿双排扣长礼服，戴高礼帽；淑女戴着花哨的无边女帽，打着洋伞，身穿当时最时尚的蓬蓬裙。不过，在这些穿着入时的人物之间另有他人，从衣着反映出她们的社会阶层较不显赫，例如坐在草地上的两个没戴帽子的年轻女子，和那位带着小孩的保姆。仔细观察，你就会发现这幅所谓的"中产阶级景观"事实上并非那么回事，因为画中还包含一些工人阶级的角色，比方说奶妈和两个服义务役的士兵。躺在画面前方的男人亦是，鸭舌帽、无袖背心和抽着的陶烟斗，无不透露出他是个工厂工人。站在社会阶层光谱另一头的则是那些帆船玩家和划船队员，他们从事的是只有富有的中产阶级才负担得起的绅士消遣活动。

各种社会阶层的杂处，见证了"理性娱乐运动"这个中产阶级理念对法国人的星期日休闲活动有多大的支配性。不过，这种支配性并不全面，因为大碗岛并不只是泛舟者或野餐者的去处，也提供了一些商业性的娱乐。岛上有好几家咖啡馆和九柱戏场，还有一家有点妨害风化的歌舞杂耍剧场。这些娱乐场所虽然不见于画面中，但修拉却以迂回的方式暗示了它们的存在。[1] 其中之一是画面前方胸脯丰满的女人，身边伴着优雅的花花公子，手上牵了一只猴子。艺术史家汤姆森（Richard Thomson）认为这是修拉玩的视觉相关语，因为当时巴黎俚语 singesse（母猴子）就是指妓女。他又指出站在河边钓鱼的盛装女人（穿盛装钓鱼显然很不协调）也可能意有所指，因为法语把妓女招揽客人称为"钓"客人（另外，法语"钓"一词也与"罪"同音）。

妓女出现在公园的现象提醒我们，在较早期，出入歌舞杂耍剧场、酒馆、游乐园、赌场甚至音乐厅等大众娱乐场所的女人，一律会被认定是妓女，而通常她们也真的是妓女。正经女人该待的地方是家里——大众休闲活动是男人的专利。这一点，从运动与娱乐开始成为上层阶级活动后有所转变。另外，星期日的出游也是女性可以参加的，因为那是家庭活动。自19世纪中叶以后，逛公园和到海边玩成了各个阶层的妇女都可以放心参加的规矩娱乐。而这一点，从修拉的油画就可以得到证明。

星期日下午的公园固然是两性和各阶层人士都可以去的地方，然而，身在这个静谧环境中的人都选择不理会别人，或是看似沉浸在自己的思绪中。他们全混杂在一起，却又各自分离。这是休闲在19世纪的另一个转变。大众休闲不再是局部性的、有阶级之分的，而是变得越来越全民性。但在这个过程中，它也变得更个人化，几乎可以说是匿名化。现在，人人可以跑出去休息，或是到沙滩去，或是到公园去，在陌生人的陪伴下享受自己的闲暇。

---

[1] 修拉出身中产阶级家庭，身上具备很多该阶级的典型特征：锲而不舍、节制、拘谨。德加（Edgar Degas）给他取的外号是"公证人"。

第五章

圣星期一

对于"周末"一词，《牛津英语词典》找到的最早出处是英国杂志《注记与疑问》1879 年的其中一期："在斯塔福郡，如果一个人在星期六下午结束一周工作后离开家里，跟朋友把星期六傍晚和星期日消磨在他方，他就会被称为在某某地方度周末。"《牛津英语词典》显然是把这段话当成定义来引用，而这也反映出，"周末"是个出现得相当晚近的词语。同样值得注意的是，这段话把"一周的工作"说成是结束在星期六下午。事实上，这种星期六下午下班的制度是一种新发明，而且完完全全是英国人的发明，出现时间大约在 19 世纪的第三个二十五年。随着这种制度的出现，第一个版本的周末应运而生，也就是一天半的周末。要了解周末是怎样出现和为何出现，且让我们回顾一下，自由时光的性质在过去几百年来历经了什么样的转变。

贯彻整个 18 世纪，一周的工作都是结束在星期六黄昏，而星期日则是每星期的唯一休息日。宗教改革和后来的清教徒把星期日改造为每周一次的圣日，试图用它来取代天主教的圣徒节日和宗教节日。不过，人们虽然对星期日不许工作的禁忌或多或少有所尊重，但大多数英国人对禁止在安息日嬉闹的规定却不加理会，因为他们认为，星期日就应该是一个喝酒、赌博和享受人生的日子。

虽然一星期才有一天官方假日，但这并不表示一般英国工人过的是无休止的劳苦生活。反之，他们的工作总是被一些年度性的节日打断，如圣诞节、新年、圣灵降临节（复活节后的第七个星期日）等。这些传统假日是全国遵守的，长短则因地而异。根据各地风俗的不同，从数天到两星期不等。各村庄和乡村的教区还有各自的年度节日，或称"守夜"（wake），起源可上溯到中世纪，活动内容主要是世俗性的，包括了运动、跳舞等大众娱乐。

城镇也各有自己的节日，但要比乡村节日少些田园风味。以林肯郡的斯坦福德为例，每年都有一天特别的假日：每到 11 月 13 日，数千男人和男孩会聚在街上奔牛，这种遗风，至今在西班牙的潘普洛纳还看得到。今天英国人对西班牙人的斗牛激情固然嘲笑有加，但他们这种理智态度事实上出现得相当晚：在斯坦福德的奔牛节上，公牛最后会被从桥上推到河里，再吊上来加以宰杀。斯坦福德奔牛节之所以有名，是因为持续的时间最长（一直维持到 19 世纪），但类似的奔牛活动在很多英国城镇都看得见。在伦敦，奔牛活动的参与者是斯皮特尔菲尔兹区的纺织工人和学徒，他们快快乐乐地追赶和刺激那头由当地肉商提供的公牛，这个大众娱乐活动持续到 1826 年，历经好几次激烈警民冲突后才告寿终正寝。

像奔牛这种年度节日不是唯一的假日。还有些大众假日是跟偶发性的特别活动有关，比方拳击、赛马、商品展览会、马戏表演和巡回的动物展览等。当这样的活动在某个村庄或城镇举行，人们就会放下手边的工作，成群结队争睹珍禽异兽、特技骑手、各色各样畸形古怪的人或事物，为之瞠目结舌不已。

随兴关上店门或离开工作岗位跑去吃喝玩乐，这种行为会让现代人吃一惊，认为是不负责任之举。但对 18 世纪的工人而言，工作与游戏的界线却不是泾渭分明的：他们工作的时候带着某种程度的游戏心态，而游戏起来又会相当认真。另外，许多娱乐活动都与工作直接有关，因为行会常常会举办旅游活动，组织歌唱和喝酒联谊会，并有各自偏好的小酒馆。

诚如坎宁安所说，18世纪的工人"高度偏爱休闲，而且是长时间的休闲"。偏爱休闲当然很难说是新鲜事，但在乔治王时代的富裕英国，却有一件事情是新鲜的：多到前所未有的工人因为可以赚到多于糊口的钱而把更多时间放在休闲上。现在他们有选择了：要么用多出来的钱购买东西，要么用于休闲。他们可以选择更卖力工作，赚更多钱；也可以选择少做些工作，享受更多的自由时间。大部分工人选择了后者，高收入的技工尤其如此，他们享有的经济自由是最大的。不过，领日薪的一般工人同样可以有选择。他们很多工作做起来都很卖力，常常一天工作超过通常的十小时，但一等赚够钱就开始放自己的假，尽情享乐，直至钱花光为止。

当然，一个人可以有多少休闲时间，要视其所在地的风俗习惯和所属工会力量的强弱而定。不过有太多太多人被排除在外。最穷的穷人，特别是妇女和童工（领的是最低的工资），并没有分享到社会的富裕，必须持续不断地工作，一天往往得工作十二至十四小时。星期日是唯一休息的机会。不过有些人却连这种喘口气的机会都不可得，必须一星期工作七天。但休息机会最少的工作倒不是工厂里的岗位，而是家庭里的仆役，必须随时待命，主人什么时候传唤就得什么时候到，鲜少有自己的时间。女佣的典型假期是一星期休息一个下午。

然而，只要是在这件事情上有选择权的人，生活模式就会以工作与休闲的不规则交替为特色，这种模式，历史学家汤普森（E. P. Thompson）称之为"一回合工作与一回合闲散的来回交替"。不规则性会因为连假的出现而加剧。像伦敦的奔牛节，一般在复活节星期一举行，就几乎总会多放一天假。其他在星期日举行的奔牛活动也常常会多放一到两天的假。乡村里的"守夜"采取相同模式。要是碰到运动比赛、商品展览会和各种庆祝活动,一连放好几天假并非不常见。由于星期日是国定假日,所以,多放的假通常是跟在星期日的后面。这逐渐让大家习惯星期一不工作(通常还会延续到星期二),然后在接下来的几天每天长时间工作,以便把收入弥补回来。在某些行业,星期一甚至成为例行休假日,像是织布工和矿工,就固定在发薪日(一或两星期一次)之后的那个星期一休假。这种习惯后来变得如此普遍,因而称为"守圣星期一"。

圣星期一的起源并不太清楚。就像七天一周的习俗一样,星期一休假的规矩虽然没有得到官方认可,却迅速流行起来,因为很受欢迎。有一说认为,圣星期一源起于裁缝业,因为裁缝店星期一一般都不开业。又有一说认为,圣星期一起源于补鞋匠,因为他们头脑迟钝(补鞋匠不像制鞋匠那样具有制鞋的本领,因此不太受尊敬),忘记了他们守护神圣克里斯平的纪念日,只记得那是个星期一,所以就把每个星期一当成纪念日来庆祝,并冠以"圣"字。这是个有趣的传说,但不太可能是真的,因为同样的习俗也见于法国、比利时、普鲁士和瑞典。这种习俗会广为流行,说不定是人们不满中世纪圣徒节日被取消的一种响应(主导取消中世纪圣徒节日的人在新教国家是改革派的牧师,在天主教欧洲则是苛刻的雇主)。

补鞋匠以贪杯著称——以补鞋匠命名的"补鞋匠潘趣酒"就是治宿醉的秘方,他们的嗜饮由此可见一斑。而上述传说的一些版本指出,补鞋匠星期一需要放假,是为了从星期日豪饮的后遗症中复原。传说中的这一部分可能是真的,因为"圣星期一"的习俗毫无疑问是和纵酒有关。我们先前已谈过18世纪的人有多贪杯,而19世纪上半叶的酒类消耗量比18世纪还要多（这个趋势要到 20 世纪初才开始反转）。纵酒狂欢很少仅止于一天，所以那些选择大醉一场的工人会发现他们星期一一早上根本无法工作。19 世纪英国小说家迪斯累里（Benjamin Disraeli）在小说《西比尔：两个国家》中描写虚构出来的工业城镇沃特基："人绝少会一星期工作超过四天。师父级的工人从星期日开始喝酒，学徒则无节制地赌斗狗。到星期一和星期二，所有人都醉了。"

圣星期一并非古老传统，大概始于 18 世纪晚期。与工业化有直接关系，因为那是工人面对工厂工时越来越长的自我救济之道。这种即兴设计让工人可以不搭理老板，重申以往的自由，爱什么时候上班就什么时候上班。一旦守圣星期一的习惯站稳脚跟，要驱逐它就相当困难。直到迪斯累里出版上述那部小说时（1845 年），这个习惯仍然普遍，而且还将继续流行数十年。赖特（Thomas Wright）在他论工人阶级习惯与风俗的那本名著中（出版于 1867 年），形容圣星期一是"最引人注目的假日，是所有同类假日中最彻底自创和具代表性的一种……也是各种小假日中最伟大的一种"。赖特自称是个熟练技工，他的观点应该可以反映出工人阶级的心声。他写道："在星期一，工人会因为前一天的休息而神清气爽，他们在星期六领到的工钱还没有全花完，而星期六才从当铺赎回的西服也还在自己手上。"穿上他的星期日衣服，口袋里有好几先令，这个慵懒的工人就可以到城里去好好娱乐一番。一般都是跟朋友或同行碰面，一起从事同一种娱乐活动。

据汤普森研究，"在任何有小规模产业、家庭产业或户外产业的地方，人们几乎普遍遵守圣星期一"。它同样流行于工厂工人之间。圣星期一不上班，起初可能只是个人的决定，不管是为了休息还是为了从宿醉中恢复过来，或是两者兼而有之。不过，后来会在19世纪五六十年代蔚为流行，却是休闲产业推波助澜的结果。在这时期，大部分的运动比赛（如赛马或板球赛）都是在星期一举行，因为主办人知道很多工人习惯在这一天休假。但圣星期一还不只是供人欣赏斗兽或拳赛的一天，由于很多公众活动在安息日遭到禁止，星期一乃成了从事世俗性娱乐的主要机会。星期一去逛植物园和博物馆的人特别多，也是一般人会上剧院和歌舞杂耍剧场的日子，而工人联谊会也常常在这一天聚会。

英国历史学家马鲁斯（Michael R. Marrus）把休闲定义为"一种自由活动，人之所以参与是出于自己的目的，不管这目的的为何"。这个定义的弦外之音是，并非所有自由时光都可称为休闲时光，让休闲有别于其他娱乐的关键元素是个人选择。这种个人选择权在18世纪末和19世纪初第一次落实在很多人身上，原因一部分是财富的增加，一部分是工作习惯的改变，还有一部分是休闲活动商品化，不再为习俗与传统所囿（后者提供的选择很有限）。

切斯特顿主张，最真切的休闲就是有自由什么都不做。这恰恰是那些守圣星期一的工人的选择。重点不是哪一天放假，而是个人是不是其休闲的主人。因为与个人自由有这种关联，圣星期一有时会被看成是一种前工业化时代的习俗，犹如五朔节花柱的跳舞或村庄的"守夜"。尽管这种看法从时序来看是不精确的，但就它能让人发挥个人自由这一点而言，圣星期一的习俗确实能反映前工业化时代的价值观，而跟维多利亚女王时代强调纪律和规则性，鼓吹有益身心的娱乐，责难不好动和懒散的工作态度，形成了尖锐对比。

圣星期一是旧习惯的反映，也是新事物的先兆。这个"小假日"为周末的出现铺好道路，它发挥了两方面的作用：首先，它让人习惯了周休超过一天的滋味；其次，它促进了一种新类型的娱乐活动——为快乐而旅行。

直到铁路在 19 世纪 30 年代面世之前，人们旅行的方式基本上跟古代没有两样。短程旅途靠脚走，较长的旅程则靠骑马（当然只限年轻力壮的男性）或坐马车。这样的旅行常常会碰到路况差的问题和出各种意外状况，而且有很长一段时间备受强梁拦路的困扰。到了 19 世纪初期，盗匪基本上已被全面肃清，但人们之所以会出远门，还是因为有必要，很少是为了娱乐。在简·奥斯汀的小说《爱玛》中，奈特利先生准备带家人从伦敦坐马车前往海布里时，曾担心"旅途的辛苦"，又担心此行会"累坏自己的马和马车夫"。现代读者会惊讶的是，从伦敦到海布里只不过二十五公里远。但如果用马车当交通工具，走二十五公里的路几乎要花四小时，而这四小时绝对是极不宜人和极不舒适的，车辙交错的泥泞乡村道路会让马车摇摇晃晃、磕磕绊绊。[1] 在同一部小说中，爱玛的父亲伍德豪斯先生对马车有恐惧症，几乎从不出远门（除非用脚走）；爱玛的姐姐会从伦敦到海布里探望父亲，但不常去。大部分到海布里做客的人都会至少住一或两星期，正是因为马车旅行的缓慢且不舒服，短暂停留很不划算。

---

[1]《爱玛》写成于 1815 年。一直到 19 世纪 30 年代，用碎石修筑的道路才变得普遍（至少在大城市间是如此），而马车旅行也才变得较舒适和较快速。走的如果是较好的路面，加上频繁换马，马车的时速可达十六公里，这是史无前例的。

耗时加上花费，让旅行变成一种奢侈，只限于有钱有闲的阶级可以享有（但不是享受）。然而铁路和圣星期一却改变了一切。据英国伯明翰大学的历史学者赖德（Douglas A. Reid）指出，该市的廉价铁路旅游始自1841年夏天。这种风尚发展得很快，到了1846年，这种铁路旅行团一共有二十二个（很多都是由工人联谊会发起），其中超过四分之三都是在星期一出游。火车为工人及其家人提供了快速便宜的旅行工具，而星期一假日则让他们有一整天的自由时光可以优游。"三先令六便士可到海边待八小时"——当时的一则广告这样说道。星期日和星期一的连假也意味着人可以选择在旅行地点过一夜，第二天再打道回府。这在当时并不称为"度周末"，但实际的内涵跟后来的"度周末"相差无几。唯一不同的只是现在把假日从星期一移到了星期六。

　　企业家的活力，加上广告宣传的协助，不只大大助长了圣星期一的普遍化和持续性，也助长了其他休闲活动的发展。说来有趣又吊诡的是，商业所带来的，与其说是"休闲的商业化"，不如说是让人"发现休闲"。从18世纪出现杂志、咖啡馆和音乐厅开始，到后来职业运动比赛和假日出游的蓬勃发展，都见证了"个人休闲"这种现代观念是与休闲产业同时出现的。没有后者，就不可能有前者。

　　圣星期一招来很多非难。宗教团体攻击圣星期一不遗余力，认为它跟酗酒与放荡有分不开的关系，害安息日蒙羞。与他们唱和的有中产阶级的社会改革家和"理性娱乐运动"的推动者，他们都致力于改变人们在星期日的行为方式。他们鼓吹国人采取所谓的"欧陆星期日"：在法国和德国，所有阶层的人在星期日都会不拘一格且彬彬有礼地杂处在散步场所或游乐园——这一类文明的星期日活动，随后被修拉画入了"大碗岛"中。鼓吹这一类活动的社团包括了新创立的男青年会、"戒酒之子"和"愉快星期日下午"——后者尤其积极。在这些团体眼中，圣星期一连同价为其核心组成部分的工人阶级娱乐，都是敌人。[1]

这场辩论的要角是 1842 年成立于伦敦的"大都会早打烊协会"，后改称"早打烊协会"。成员几乎清一色来自中产阶级，宗旨是改善一般商店售货员的劳动条件（他们一天的工时可长达十八小时）。在当时，商店的休息时间都很晚，有十点或十一点的，夏天的打烊时间甚至更晚。"早打烊协会"游说国会，希望把商店的关门时间提早到傍晚六点。它组织会议和大众宣传活动，短时间内就在曼彻斯特、伯明翰、利物浦和英国各大城市建立了分会。最后，为之请命的对象不只是商店售货员，还扩及在办公室和仓库工作的办事员。

"早打烊协会"的出发点除了人道主义，还有宗教上的考虑。因为星期日是辛苦工作的售货员一星期中唯一的假日，所以他们习惯部分时间埋头睡觉，部分时间从事娱乐——也因此，星期日上教堂不是他们的优先选择。"早打烊协会"希望，一个不那么劳苦的工作时间表会鼓励更多人参加星期日的礼拜。1855 年，"早打烊协会"提出了这样的建议：商店在星期六下午一点打烊，让人有半天假期可以做家事和参加社会活动（傍晚上酒吧或歌舞杂耍剧场之类的），这样，他们就有望在星期日专心上教堂和从事严肃的娱乐活动。由于售货员是没有工会的，所以这一类的诉求就需

---

[1] 教会方面的社会改革家与"理性娱乐运动"的推动者立场并不总是一致，因为后者主张应该在星期日容许博物馆开门和乐队演奏，但这都是严守安息日分子所反对的。

要个别店主的自愿配合，而店主的反应因城市的不同有相当大的差异。另外，某些类型的商店（主要是书店、药店和布庄）对星期六半日制的接受程度也高一些。

星期六半日制得以推广，"早打烊协会"必须记首功，然而在其他方面，这个寿命超过五十年的组织却表现平平。它的一些目标本身就互相矛盾。因为，越多人星期六下午不用上班，那上街采购的人就会越多，而不愿提早打烊的商店也会越多。这协会的另外一个弱点在于，它推动的是一个自上而下的运动：其发起人都是有钱人，少有雇员或店主。它能诉诸的手段只有道德劝说而不是劳工行动，也因此从未能发展出足够强大的政治根基。

看来，要不是得到工厂老板的支持，星期六半日制不会推广得那么迅速。这些工厂老板已经明白，如果工人可以爱上班才上班，那开动机器（特别是蒸汽机）是既昂贵又没有效率的。另外，如果有一部分工人会因为去参加什么庆典活动，随时无声无息不预警就消失无踪，那厂方也不可能预先制订生产计划。翘班是会传染的，但施以铁腕（如开除旷班的工人，或者起用女性工人）又已被证明是不管用的。所以，有些工厂老板干脆放弃斗争，利用星期一作为修理与保养闲置机器的日子。

当出勤的工人少得让工厂不得不停工时，雇主再坚持六个工作日和十二小时工作制是毫无好处的。"早打烊协会"提倡的星期六半日制恰好给了工厂老板一条可行之道，所以他们乐于支持。他们打算用星期六放半天假作为筹码，换取工人承诺固定的出勤时间表。此后，星期六半日制和工时减少成为所有劳资协议的模式，而政府也立法规定一天的工作时数。

星期六半日制是有先例可循的，曾经在苏格兰和英格兰北部的某些行业存在过一段时间。例如，对在家里工作的编织工来说，星期六下午是"点算时间" 他们会把 星期的产品拿出来点算，这样，当天的工作时间自然就减少了。据记载，棉纺工人星期六提早下班的习惯可上溯到1816年，兰开夏和苏格兰西部的造纸工人也是如此。纺织工人传统上星期六（发薪日）都会较早收工，但这种习惯在19世纪的时候取消了。不过，1847年一项规定英国北部纺织业工时的立法《十小时法案》，却让传统的十小时工作制起死回生，规定早上六点开工，傍晚六点下班，中间有两小时午餐时间。同时，此法又规定一个"短周六"，也就是星期六的工时降低为八小时。好些年后的《工厂法》把星期六的下班时间提得更早：下午两点。接下来二十年，这种习俗蔓延到全英国，把建筑工人、蕾丝工人和很多行业包含进来。到了1874年，国会通过一条法令，进一步把全国大型产业的星期六工时削减为六个半小时。

赖德在论圣星期一传统衰落的论文中指出，星期六半日制的成功，也得力于工人本身的认同，"因为一个人除非愿意改变信仰，否则你对他传福音注定失败"。为什么他们愿意接受这个新的作息日程表呢？用星期一的一整天假来换星期六的半天假并不划算，再说，这种转变也会让他们有丧失个人自由之虞：不再能自行决定什么时候上班，什么时候不上班。工人中间也有反对的声音，但并不普遍。反对者主要是拥有技术和收入较高的工人，他们赚的钱够多，所以能够想什么时候上班就什么时候上班。他们多以不规则的方式出勤，以抵制失去圣星期一的损失。但其他大部分工人却是负担不起多休一天假的。对一星期必须工作六天才能糊口的工人来说，多出半天有薪假期只有好处，没有损失。至于其他工人，自限制童工工时的立法通过后，守圣星期一也变得不切实际。原先，很多工匠会在一星期近尾声的时候加班工作，以弥补星期一休假带来的损失，但这种加班是以有小助手的帮忙为前提的，而自童工每天工时受立法限制后，加班不再可行。

不过，即使收入较好的工人，自愿以自由来换取固定雇用的情况也很多。这是因为消费的习惯改变了，人想要买的东西增加了，储蓄变成了一件重要的事，而人也把固定薪水看得更重要了。金钱的吸引力逐渐取代自由时光的吸引力。另外，中产阶级价值观的扩散流布也让很多工人对放荡挥霍的圣星期一传统不以为然，他们的联谊会也起而支持更有纪律和更进步的作息时间表。

对社会改革者而言，到底星期六放假还是星期一放假事关重大。他们批判圣星期一，不只是为了把休假日从某一天换到另一天，也是为了能改变人在休假日所从事活动的性质。

受到来自各方面的攻击，圣星期一的传统走向式微——但不是一下子消失，也不是每个地方的式微速度都一样。星期一放假的观念在 1871 年的《法定假期法》还可以看到，此法要求一年有三四天的假期要放在星期一。[1] 某些行业（如刀匠、画匠与陶匠）固守圣星期一的传统直至 19 世纪和 20 世纪之交，汤普森也告诉我们，20 世纪 60 年代，英国矿工仍然守圣星期一，这是很不寻常的。1874 年，美国驻谢菲尔德的领事这样表示：

---

[1] 这项立法把法定假日的总数增加到了八天。这算不了什么，在第一次《法定假期法》于 1834 年立法之前，银行会在某些圣徒节或周年纪念日放假，一年有三十三天之多。

"每个星期一都放假的习惯是如此普遍,星期一慢慢被称为圣星期一……在几千个事例里,这天假期都会延长到第二天,这表示,有大量的工人自星期六中午收工后,要等到下星期二才会重新开工。"不过总的来说,这种一度普遍寻常的行为变得越来越罕见。对越来越多的工人来说,"星期"逐渐披上了它的现代形式:固定的工作日尾随着一段固定的休息时间。

开始出现"周末"(week-ending)或"度周末"(spending the week-end)这些说法,是 19 世纪 70 年代的事。有钱人的别墅一般都位于伦敦四周的郡,是火车容易到达的地方。渐渐地,星期五下午前往别墅度假,星期一再返回城市,变成一种时尚,而别墅宴会也成了上流社会生活的重要特征。[1] 周末出游(通常是到海边)也是低下阶层负担得起的,只不过他们的周末要短些:从星期六下午延伸到星期日黄昏。

当时的评论者赖特指出:"为改善'群众'福祉的星期六放半天假制度,对他们来说是最实惠的,熟知这种制度作用的人不会有片刻怀疑这一点。"他语带肯定地描述了劳工阶级会在星期六半天假所从事的种种活动。通常,星期六下午放假是以在家里吃一顿便饭开始,然后再到附近的公共澡堂洗每周一次的澡(公共澡堂是当时一项重要设施,因为有自来水的人家很少,直到 20 世纪初,公共澡堂在英国和北美还相当普遍)。这一天的其余时间会用来读报,做家事,上联谊会,或是到市镇去逛商店看橱窗。星期六下午也是举行公园音乐会、足球赛,划船与骑自行车的时光。当

---

[1] 据达顿(Ralph Dutton)指出,维多利亚女王时代的度周末乃是一种倒退:18 世纪的有钱人度假时喜欢招待诗人、画家和作家到他们的别墅住一两个星期,但后来的别墅宴会只是一种娱乐,并没有文化气氛可言。

然，在小酒馆喝酒也是星期六下午的流行活动——尽管社会改革家和教会人士苦口婆心，喝酒仍然是工人阶级的主要消遣，不管假期是在星期六还是星期一。

赖特强调星期六下午一般都是以五点钟的下午茶作为结束，以便留下充裕时间去准备一周最重要的娱乐时段——周六夜。周六夜是上剧院的时光，大部分人都会把饮食带到票价便宜的顶层楼座边看边吃。另一个对周六夜生活有重要推广之功的场所是歌舞杂耍剧场，它起初是附属于酒馆的部分，但从 19 世纪 40 年代起独立出来，并在接下来的八十年支配了英国的娱乐生活。英国的歌舞杂耍剧场为工人阶级观众提供五花八门的娱乐，其中以歌唱为主。有一首歌曲堪称捕捉到了这个新假日（或曰新仪式）的精髓：

美好的周六夜，

你一周的工作已结束，

可以带着亲爱的小妞儿

在傍晚赶热闹。

美好的周六夜，

但此时已是周一早上，

你必须上班去。

尽管我知道，你盼着

下个周六夜的来临。

马鲁斯曾语出惊人地指出："对欧洲的广大群众而言，休闲要到 19 世纪才成为一种真实。"此说未免有一点点夸张，因为很多娱乐习惯都是在一百年前就建立的，而圣星期一的传统也流行了好一段日子。不过，19世纪倒是真的目睹了一个与从前时代截然有别的休闲观念诞生。这个观念是史无前例的。它不是贵族与地主的精英式休闲（以射击与猎狐为生活的全部重心），它也不像传统那样，把休闲与工作搅混在一起。从 19 世纪开始，工作和游戏不再可以随心所欲地更换，两者也不会再同时出现在同一个环境。现在，休闲有特定的时间，也有特定的场所。休闲是休闲，工作是工作——这种中产阶级的休闲观最后渗透到整个社会，孕育出一种新的东西：在休闲与工作之间画上一条严格的时间与物理的界线。这条界线（周末是其典范）要比任何事情更能呈现现代休闲的特性。

第六章

周休二日制的世界演变

美国不像英国，有正式的圣星期一可让人赞成或反对。然而，在19世纪以前，美国工人的出勤状况同样散漫，星期一旷班的情形相当普遍，就像英国一样，"忧郁星期一"乃是星期日酩酊烂醉的结果。渐渐地，雇主订立一些职场纪律，而雇员则要求更短的工时，作为接受固定出勤的条件。总而言之，他们办到了。在1830年，美国人每天的工时平均超过十二小时，但接下来五十年，工时越减越短，及至19至20世纪之交，有些人每天只需工作九小时。但星期日放假却非放诸四海皆准，欧洲更不是如此。很多欧洲的工业（例如钢铁业）都是一周工作七天。

要到第一次世界大战之后，美国商店星期六提早打烊之举才开始普遍起来。不过，早在1900年，美国每逢夏季月份就有星期六放半天假的习惯。起源并不清楚，但周六半日假跟游泳、泛舟、棒球这些户外活动的关系却不言而喻。另外，北美洲大部分地区都要比欧洲炎热，没有空调的话，挤满工人和机器的工厂会热得难以忍受。

我们无从得知美国人当时是否注意到英国人有星期六下午一点下班的习惯。不管怎样，在大西洋的此岸，仍然有各种不同的力量把事情往这个方向推。虽然美国的教会团体和中产阶级社会改革家也成立了一些类似"早打烊协会"的组织，但周六半天工作制的落实，主要是工人自己争取来的。

较少的工作日是美国一般产业工会努力争取较短工时（特别是一天八小时）的基本部分。这个运动肇始于南北战争之后的19世纪60年代，口号是："八小时工作，八小时休息，八小时随心所欲。"这个目标，还要一段不短的时间才能达成。1850年，美国工人每天的平均工时约十一小时；

到 1900 年，在工人运动的努力下，工时下降为九小时左右；此后三十年，工时还将持续下降。

"短周六"的最先鼓吹者是印刷排版工会，代表的是从事印刷和书报业的工人。报业的性质不需要太长的工时。为了让报纸第二天早上可以出版，排字工人必须下午就把工作做好，所以他们就成了争取较短工时的先头部队。到了 1907 年，经过几次大罢工，八小时工作制终于实现了，或者说几乎实现了，因为印刷和书报工人沿袭一个悠久的传统，那就是每个工作日都加班四十五分钟，以便星期六可以提早在中午下班。后来，这种习惯在工会的强力争取下获得政府的承认：每星期的工时四十四小时，星期一至星期五每天八小时，星期六四小时；其他行业也有类似要求。1912年，经过十三周的罢工后，纽约市的毛皮商终于让步，应允员工星期六只需要上半天班。

很多工会成员都挺纳闷，为什么工人宁可星期六上半天班而平常工时长一点，也不愿六天上全天班而每天工时短一点？不过，就像英国的情形一样，与星期日相连的半天假期相当有吸引力，而这种习俗也迅速蔓延。根据罗森茨魏希（Roy Rosenzweig）对马萨诸塞州伍斯特市休闲状况的研究，到了 20 世纪 20 年代初期，"越来越多公司……只要求员工星期六工作半天"。不只蓝领工人希望可以早点下班，1929 年，美国劳工联合会在追求削减联邦雇员工作时数的时候，把争取较短的工作周视为首要之务。它认为"有鉴于私人企业已经普遍采用了全年星期六放半天假的做法"，政府应该比照办理。一个 1934 年对纽约州韦斯特切斯特郡市郊休闲模式的著名研究形容，星期六放半天假已经是"支薪雇员"的"标准"工作周特征。

韦斯特切斯特最大的职业社团被归类为"白领"，他们强调，周六半天班的这项习惯，不仅劳工遵循，职员也应照办。到了20世纪30年代，纽约市大部分的公司都会在星期六下午一点关上大门。这个习惯会流行起来，必须归功于所有社会阶层的雇员都普遍要求更短的工作时间。那项韦斯特切斯特郡的研究指出，中产阶级就业群的休闲时间90%以上是花在以下七类活动：饮食、访友、阅读、听收音机、运动、开车兜风和各式各样的大众娱乐（新旧掺杂）。头四种活动是平常工作日下班后也可以从事的，但星期六下午却是专门用于网球或高尔夫球这些户外活动的。半天假期也方便大家购物，尤其当时很多州仍然禁止商店在星期日营业。星期六下午有许多可以做的事，但最大的优点是让人可以好整以暇，迎接一个重要娱乐时段的来临：周六夜。

在英国，周六夜生活的流行是靠歌舞杂耍剧场推波助澜；而在美国和加拿大，负责推动同一机制的是另一种都市娱乐：电影院。电影以一种发育完全的大众娱乐方式出现在城市，还只是20世纪初的事。最初的电影院称为五分钱电影院：只需要五分钱就可以看一出半小时的电影。低票价（百老汇舞台剧的票价超过一美元）加上时间短，让电影院拥有如同今日快餐店的吸引力。在午餐时间、下班后或星期日，任何人只要一时兴起，都可以到五分钱电影院看一出通俗剧或胡闹喜剧，而且花不了多少时间（虽然宗教团体反对，但很多五分钱电影院仍然在星期日违法营业）。工人阶级选择的主要娱乐场所还是酒馆和歌舞杂耍剧场，但五分钱电影院依然迅速成长。到了1908年，纽约市每天平均看电影人次据估计为二十万。

接下来发生的事情在休闲史上屡见不鲜：当有太多人对某种休闲活动太感兴趣，最终一定会有人站出来反对它。游戏娱乐很少是"于人无伤的"，至少从社会的观点看来是如此。"别太认真"是游戏的基本态度，而这种态度有时不只会感染到人们的日常行为，还会抵触到道德观与社会习俗。荷兰历史学家赫伊津哈（Johan Huizinga）在其对游戏的经典研究《游戏的人》中指出，因为游戏比文明更古老更原始，所以它在根本上是与文明对立的。随着文明发展，这种对立就越明显，并会导致周期性的冲突。但在冲突中游戏常常是输家。中世纪反教权意味的节日就是这种下场，很多都为教会所禁；稍后的奔牛节下场也一样。五分钱电影院也是同样的命运。

纽约市长在 1908 年下令关闭全市五百五十家五分钱电影院。他的行动反映出很多人不齿于这种新形式的大众娱乐。体面人士认为电影是对既有理性态度的冒犯与挑衅，不只是因为电影题材格调低，有时略带淫秽，也因为电影不符合中产阶级的休闲观。美国也有类似英国的"理性娱乐运动"，鼓吹者看不出电影这种无产阶级色彩鲜明的娱乐有什么熏陶性，加上电影经常嘲笑警察与政治家，更让它罪加一等。电影院常常毗邻酒馆，吸引儿童及单身女性，还在星期日公然招摇营业，无论哪条都不得社会改革家欢心。这场对电影进行的运动还隐藏着种族歧视的暗流，因为最热衷于看电影的是来自欧洲的移民——观赏默片本不需要懂英语，遑论超过一半的电影是从法国、德国和意大利输入的舶来品。另外，很多电影院的老板是犹太人。

不过，这个改革运动的目标并非禁绝电影，而是要把电影"弄干净"。各种新规定让电影院不得不改头换面：昂贵的执照费（二十五美元至五百美元不等），严苛的建筑法规加上电影审查制度，让五分钱电影院无以为继。自此，电影成了体面人家的合家娱乐，并逐渐转变成重要产业。不只中产阶级加入电影观众的阵营，电影本身也变长了，成为足本的戏剧，例如格里菲斯（D. W. Griffith）的著名电影《一个国家的诞生》，于1915年上演，赢得了满堂彩。

格里菲斯这部电影在艺术和议题上都充满争议（有人形容这部电影同时传达了信息与警告），不过，真正让人动容的是其庞大的经济收益：《一个国家的诞生》缔造了一千三百多万美元的票房纪录。随着大西洋西岸制片工业的生根（制片厂的老板主要是来自欧洲的犹太裔移民——祖科尔〔Adolph Zukor〕、梅耶〔Louis B. Mayer〕、莱姆勒〔Carl Laemmle〕、福克斯〔William Fox〕和华纳兄弟都是），电影摒弃了格里菲斯的新教改革主义路线，回归根源：娱乐大众。同为制片人的高德温（Samuel Goldwyn）就这样说："大众付钱就是想要获得娱乐，我只知道这个。"

到20世纪20年代，看电影已成了美国人的首要娱乐。人们花在电影上的钱要比任何娱乐都多。短短十年，光纽约市一地的电影院就遽增到八百家。美国的电影院总数较整个欧洲还多。八大制片商拥有大部分的电影院，年产电影超过七百部，也创造了许多大明星。"好莱坞"俨然成了一个神话世界，而明星们置身其中，对影迷来说，明星的私生活与他们的银幕表现一样有吸引力。

就这样，电影从一道快餐发展为一顿仨菜的大餐，而且如真似幻地风靡开来。从前的五分钱电影院小而简陋，乍看跟临街的店面没有两样，容纳的观众不超过三百人。反观新型电影院却是坐落在通衢大道而非下层阶级的街区，容纳的人数一般是五分钱电影院的三倍以上。起初，电影院都采用古典风格设计，样子像博物馆、图书馆或其他公共建筑，这也精确反映出当时电影的改革精神。但最后，这种外观被认定太内敛了，电影院遂改头换面成了电影"宫"。奢侈取代了富裕。迎向观众而来的是浮华的大厅和穿制服的领位员，电影播放时还有一整支管弦乐队伴奏。巴洛克式、洛可可式、摩尔式或中国式的室内装潢让观众沐浴在金碧辉煌的环境中，上电影院成了充满魅力的事情。

电影宫让人可以感受到何谓奢侈与财富。人们上电影院无不穿戴整齐，有如上高级餐馆或俱乐部。诚如梅（Lary May）在有关早期电影工业的历史研究中指出，电影院老板是刻意想让人把看电影这回事联想到夜生活：灯光闪亮的广告看板、豪华水晶吊灯、越来越富丽堂皇的室内装潢，加上"首映夜"的盛况，共同制造出这种效果。

越复杂的电影，制作成本就越高，电影票价也跟着水涨船高。但高票价并没有让大众却步，反而让电影升格为高级娱乐。由于电影播放的时间变长了，人们不会再因为一时兴起才看电影。上电影院成了一种"夜生活"，各个阶层与年龄层的男女都会共襄盛举。男人和女人通常会相偕看电影：电影免不了有浪漫情节，看电影也成了浪漫的事，尤其是在周六夜，因为对很多人而言，星期日仍是谈情说爱的禁忌日。至于平常日的黄昏，由于已经工作了一整天，所以不是每个人都会想去看电影。星期六的黄昏则相反，半天假期让人可以把其他事务处理好，留下黄昏观赏电影。尽管电影和周末是各自发展的，但却彼此强化。电影是都市娱乐的主要形式，周六夜则成为人人陶醉在电影幻想世界的主要时光。

在英国，周六半休制始于 19 世纪 70 年代，要再经过六十年，这半天假才扩大为一整天假。美国的半休制始自 20 世纪 20 年代，但从半休制转为全休制却迅速许多。在美国，周末不来则已，一来就往往是两整天。第一家采取五天工作制的工厂是新英格兰的一家纺织厂，时为 1908 年，目的是配合犹太工人的需要。六天工作制总是让正统派的犹太人难以遵守安息日，而如果改为星期六放假星期日工作的话，又担心可能得罪占大多数的基督徒。另外，通过劳资协议达成的工作模式也越来越标准化，很多犹太人根本毫无选择可言，这一点，让安息日的传统备受威胁。但五天工作制（星期六和星期日都放假）提供了解决问题的方便法门，所以受到犹太工人、拉比、犹太小区领袖和一些犹太雇主支持。1929 年，主要由犹太工人组成的"美国成衣工人联合工会"成了第一个鼓吹五天工作制的工会。

起初，五天工作制只流行于三种行业：纺织业（以犹太人为主）、建筑业（它的工会很强势，足以为会员争取到更短的工时），以及印刷出版业。最后一个行业的五天工作制并不全面，从星期六半休制转换为全休制的过程也较缓慢。也有少数雇主自愿采取五天工作制。最早和最受瞩目的是亨利·福特（Henry Ford），这颇奇怪，因为他一向是个坚定的反工会者。1914 年，福特把汽车厂的工时从九小时减为八小时，到了 1926 年，又宣布工厂在星期六不上班。所持的理由是增加工人的休闲时间可以促进消费，其中当然包括买汽车和从事汽车旅行的消费。这是真知灼见，周末后来果然跟外出旅游关系密切。但在 1926 年，这还是未来的事，而福特也是唯一一个支持周末的生意人。为此，他受到了来自全美工业协会和全美制造者协会的激烈批评。

他们认为五天工作制不只不经济，还对神不敬。1926年，专为《纽约先驱论坛报》和《得梅因纪事报》画讽刺漫画的达林（Ding Darling）画了一幅很能捕捉时代气氛的漫画。画中一名穿着工作服的工人（影射"美国劳工联合会"）坐在一叠石板边，石板上写的不是别的，就是十诫。其中一块石板（写着第四诫的一块）断成两半，摩西见状惊惧万分，工人则自告奋勇重刻一块。结果，新刻的文字这样说："五日要劳碌工作，但第六日和第七日是你自己的，你爱干啥就干啥。"在这幅画的一个角落，达林还清楚地画上福特T型车的引擎盖。

最后，相当吊诡地，让两天制周末得以落实的并非利他主义或激进行动，而是经济萧条，也就是爆发于1929年的经济大萧条。大家认为缩短工时是缓和高失业率的方法——每个人都做少一点，那就会有更多人有工可做。1932年，俄亥俄州的固特异轮胎公司采取了一周三十六小时的工作制度——每天工时六小时，每星期工作六天。这种制度后来成为很多橡胶业工人的标准作息时间表，维持了好几十年。不过，在其他行业，六天工作制并不常见，大部分产业都是采取缩减每天工时和五天工作制的并行手段。最后，新政通过1938年的《合理劳动标准法》强制规定全国的工时：一星期的工时最高不得超过四十小时。但此法对每天的工时数却未置一词。到1940年，人们对一天工作八小时已习以为常，而周休二日的制度亦水到渠成。第二次世界大战期间为生产物资的需要，工时固然拉长为十小时，但这只是暂时性的，战后随着经济环境恢复正常，工时数再度减少，最后固定为大约八小时。

艾奥瓦大学的社会学家亨尼克特（Benjamin Hunnicutt）把 1920 年至 1940 年这个阶段形容为追求缩短工时运动从迟疑踌躇以至终结的时期。这是事实。不过 1949 年的一周工时数跟 1929 年虽无大差异，"周"的形状却彻底变了样。第二次世界大战后，人们不愿回到六天或五天半的工作制——他们已经习惯了五劳二休的节奏。自此，五天工作日和两天的周末成了美国生活的固定模式。

就像行星周的制度一样，"周末"的观念也从一地传到另一地，并依各地环境的不同而有所调整。另一点与行星周相似的是，"周末"传播迅速。星期六半休制是"早打烊协会"在 1855 年首先提出的，才一百年之后，周休二日在英国和美国已成为寻常惯例，而星期六半休制也通行于大部分欧洲国家——这些国家采取周休二日是再过十或二十年后的事。一份 1979 年对欧洲共同体休闲状况的研究显示，其成员国的工作日天数相当一致。没有一个国家一周的工时超过四十小时（西德和比利时更短），而所有的国家都是周休二日，[1]但这种表面的一致性是骗人的，因为周末是以不同的方式降临每个国家的。

在大部分地区，我们都无法精确说出周末的出现日期。但意大利却是例外，第一个周末是在 1935 年的 6 月 20 日。那之前的十二年，也就是墨索里尼通过政变夺权还不满六个月，法西斯政府通过一个法案，第一次订出每天的工时限制：八小时。一星期还是工作六天，而这个强制性的最多工作日数，自 1907 年以来就没有变过。1935 年，意大利政府又从"早打

---

[1] 欧洲共同体成员国每年有薪假期天数的差异却相当大；在 1979 年，有少至三星期的（爱尔兰），有多至六星期的（西德）；在丹麦，法定假期的下限是五星期。

烊协会"那里得到灵感，通过一条全国性法律，宣布自此以后每星期的工作时间结束在星期六下午一点。

法西斯分子的周末是一种国家的建构。政府成立了一大批称为"工作之余"的组织，以监督新的休闲活动不会沦为"陈腐模仿中产阶级的恶德"。政府也提供一些极廉价的星期六歌剧日场演出，但只限低收入的工人和靠退休金过活的人士观赏。星期六下午和星期日还有特别的火车班次，把人送到郊外或海边旅游。政府提倡的是运动和户外活动：在休闲这件事上，法西斯主义者就像"早打烊"的鼓吹者那样，都是社会改革家，其目的除了要提供给人更多的休闲时间外，也要把人导向正确的休闲方式。

尽管政府多方努力，但意大利的周末仍谨守个别风格。传统的消遣方式（打扑克牌，玩骨牌，看美国电影）仍然是最流行的活动。室外硬地滚球戏（bocce）这种不费多少力气的运动，最初受到政府打压，被批评是缺乏男子气概的活动，但意大利人却爱之如昔，政府不得已才宣布其为国技。意大利政府也尝试过推广一种新的运动 volata（本土版的英式足球），最后以失败告终。事实证明，"工作之余"接受传统游戏活动，要比创造新的游戏活动成功得多。格拉齐亚（Victoria de Grazia）在研究法西斯时代意大利休闲的著作中指出："法西斯政权搞的休闲活动看起来并没有特别'法西斯'。"

20 世纪 30 年代，类似"工作之余"的国家性组织也见于欧洲右翼独裁政权：萨拉查治下的葡萄牙，佛朗哥治下的西班牙，梅塔克萨斯治下的希腊。这些努力都是以纳粹德国为模型。1933 年德国纳粹党甫一上台就推行好几种措施来对付失业，例如扩军，规定年轻人要强制劳动六个月，鼓励女性离开劳动市场等。一如美国，每周的工作时数大为缩短，任何人每周工作超过二十四小时就被认为有损社会福祉。所有工会都遭到解散，由莱伊博士（Dr. Robert Ley）领导的"劳工阵线"取而代之。他也奉命要把德国人的休闲时光安排得井然有序。

莱伊创立了一个国家性的组织，称为"力量来自欢乐"（Kraft durch Freude，简称 KdF），协助既有的运动与嗜好俱乐部，提供廉价的戏剧、歌剧和音乐会门票（KdF 自己就有巡回演出的交响乐团），为工人办廉价的假日团体旅游活动。莱伊建立了一些特别的海滨和滑雪度假中心，成立了一些帆船和骑马学校。尤有甚者，KdF 组织了一支由十艘远程游轮组成的船队，把国人载到波罗的海和地中海去观光。拜 KdF 的积极精神所赐，每三个德国工人就有一个参加过某种度假旅游活动。在 1932 年至 1938 年间，德国的旅游活动是从前的两倍。

不像意大利，周末在德国并没有得到官方加持：KdF 重视的是一周或两周性的假期。这不奇怪，因为在纳粹的观念里，休闲应该是团体的而非个人的，也因此鼓吹组配好的国外观光而非国内的旅游活动。尽管如此，周末还是因为一个著名计划的成熟而渗透到第三帝国去。1938 年，"劳工阵线"受命生产"大众汽车"——这是希特勒的构想，灵感来自亨利·福特。"大众汽车"又称 KdF 车。这种不昂贵的汽车可以让工人带家人沿着新建的高速公路来趟短程旅游。然而，战争准备工作却让大众车和萌芽中的纳粹周末夭折。1936 年，德国因劳工短缺，取消了削减工时的措施。1938 年，各工厂为了要加紧生产战争物资而必须加班，工人一星期的工时数增加到四十七小时以上，而已装配好的 KdF 车也改装为军用车。

就因为这样，周末要到战后才降临德国。在法国，周末同样姗姗来迟。在 19 世纪 80 年代，当越来越多英国工人可以享受到星期六半天休假的时候，修拉画中那些法国工人阶级一星期仍然只有星期日一天休假——除了一些中产阶级的泛舟者以外，星期六的大碗岛是空荡荡的。就连星期日休假也不是强制性的，要一直等到 1900 年代初期，法国才通过立法，规定一星期的工作日是六天。至于每天的工时，则规定为长长的十二小时。八小时的工时制要到第一次世界大战以后才引入，周六休假半天的制度是更后来的事。当周六半休制度落实以后，法国人为了感激它的源头，遂称这个五天半的新工时架构为"英国周"。

1936 年，"人民阵线"主政的法国政府原想推动普遍的五天工作制，后因急需生产国防物资而作罢。大部分法国工人一星期工作六天，比较幸运的在星期六早上可以休假。"英国周"持续了五十年，迟至 1965 年，法国人一星期仍然工作五天半，平均工时是四十六小时。不过到了 1968 年，一周的总工时减少了，而接下来十年，总工时都是四十一小时——这主要是实行周休二日的结果。

两天制的周末在法国虽然来得晚，但一旦确立，立刻受到热烈欢迎。法国人并不缺休闲的时间，但跟英国人不同的是，法国人看重长假期更甚于周末。长久以来，法国中产阶级喜欢利用夏天的长假，到海滨胜地、温泉疗养风景区或阿尔卑斯山的旅店度假（早在 19 至 20 世纪之交就有火车可以轻易通达）。夏日度假在传统上涵盖了整个八月，而它的重要性是英语系国家难以想象的。即使如此，固定周休的吸引力对法国人仍然很强。法国的情形就像美国一样，两天的周末是几个因素加在一起造就的：工会的争取、经济的富裕和拥有汽车的户数增加。最后一个因素的重要性不应该低估，开车旅行在法国很早就开始流行（米其林公司是从 1900 年开始发行《旅游指南》的），但却局限在有钱人之间。不过，在 1950 年至 1965年间，法国拥有汽车的家庭从 10% 跳升到 50%，这也使得短程的周末旅行风行起来。[1]

不情愿接受周末的国家是以色列——尽管犹太人大可以声称七日一休是他们发明的，也尽管以色列采纳了很多其他的西方制度。1948 年以色列建国时，基于文化与宗教传统，安息日是唯一的一周一次的假日。有很长一段时间，不管是立法者还是工会都无意减少工作日。这一点，大概是由要把一个国家从零建立起来的经济压力所致，也跟当时以色列人普遍的卖力工作伦理有分不开的关系。以色列也害怕娱乐消费的增加会导致燃料价格暴涨，再说，每周多一天的假日说不定会让安息日在国人心目中的地位下降。有趣的是，正统派犹太人（他们在人口中占坚强的少数）反而支持周末制度，他们就像英国的"早打烊"鼓吹者一样，相信多一天休假可以让人不会在安息日偷偷摸摸从事亵渎神灵的娱乐。

一项 1970 年的调查显示，以色列有三分之二的人赞成一周工作五天，调查者认为这是一项有力证据，表明"五天工作制或迟或早会到来"。但那却是个缓慢的过程。时至 20 世纪 90 年代，尽管已经有所推进，但周末在以色列还称不上普遍现象。军队仍然要上六天班，学校也仍然是上六天课。直至 1985 年，大企业才开始让员工在周末（星期五和星期六）休假。

---

[1] 到了 1967 年，周末庞大的车流和高速公路频繁的死亡车祸已经成为法国生活的事实，导演戈达尔（Jean-Luc Godard）在电影《周末》中将之狠狠调侃了一番。

然而周末对以色列人的生活已经产生了重大影响：周末开车的人多了，从事露营与滑雪之类娱乐的人也多了。

很多以色列的第一代移民来自俄国与波兰，而这两个地方大部分人都是一星期工作六天。在战前的波兰，是有星期六放半天假这回事（称为"英国星期六"）的，但通常享受到这种福利的只有管理阶层。战后波兰政府延续这个习惯，把一星期工作日定为六天，每天八小时。在 20 世纪 70 年代，某些产业逐渐引进一个月一或两个星期六不上班的制度，事实上那不是假期，因为雇员得在下星期把班补回来。

自 1980 年 8 月以后，这种情况有了一百八十度的改变。工人强烈要求"享有星期六休假而不需要补班"，这后来成为团结工会与政府缔结的著名《格但斯克协议》的一项条款。但政府在几个月后食言，宣称有鉴于国家经济情况恶化，星期六放假的制度是不可行的。这个声明激怒了工人，很多城镇爆发了自发性的罢工。政府在最后一分钟妥协了，答应一个月有三个星期六假期，化解了一场迫在眉睫的全国大罢工。要是真的爆发全国大罢工，后果堪虞。

这场星期六休假之争也带来了一个不那么怡人的结果——因为国家动荡和政府不稳，军事强人雅鲁泽尔斯基将军（General Jaruzelski）被任命为总理。到了 1981 年底，他发动军事政变，实施军事管制，但周末的改革并没有受影响，而周末也成了波兰人日常生活的一部分。

对 1976 年至 1984 年波兰人休闲习惯的一项调查显示，波兰人并不完全把多出来的时间花在休闲上，因为许多人会加班或兼职。星期六也是一个购物天。在波兰，购物是很费时的事：商店往往大排长龙，想买黑市的东西也得花上好几个小时寻找机会。如果不工作或购物，大部分波兰人会在家里消磨周末。经济不宽裕意味着他们只负担得起便宜的休闲活动，比方说跟朋友聊天，阅读，听收音机和看电视。只有两项室外活动看来是波兰人广泛从事的：散步和上教堂。

那些在富裕社会里对周末有促进之功的娱乐（电影、戏剧、上餐馆和运动比赛）都是大部分波兰人不可得的，而在 20 世纪 80 年代，它们的重要性更是大为减弱。那些需要昂贵装备的休闲活动（网球、划船等）或需要旅行的娱乐（滑雪、健行等）亦复如此。尽管波兰拥有汽车的人家在 20 世纪 70 年代初开始上升，但汽油配给制度却让假期出游流行不起来，对大部分波兰人而言，就连公共运输服务的收费也太贵了。其结果就是，开车出游这种在英国、美国和法国都跟周末的发展息息相关的活动，在波兰的周末发展史上只扮演了一个小角色。

当团结工会在 1980 年向政府要求周末的休假时，并没有企业家准备要投资娱乐事业，也没有铁路公司有任何促销周末旅游的方案，酒吧或舞厅同样付之阙如。不过，大家还是对周末所许诺的个人自由心存向往（个人自由总是周末的一部分，哪怕它有时会被层层体面的娱乐活动掩盖）。后来，当周六休假争取成功，部分人无疑会对可供选择或负担得起的休闲活动是如此之少感到沮丧——当"什么都不做"是强加的而不是主动选择的时候，它很快就会失去吸引力。话虽如此，自由时间对波兰人的诱惑力之大，并不亚于它在其他国家的诱惑力。如果说波兰工人无法在星期六和星期日"爱干啥就干啥"，那么他们至少可以做某些事，这已经够吸引人的了。

没有商业活动来奉承的朴素波兰周末是相当特别的。一般来说，周末会在一个社会出现，是在这个社会富裕起来的时候，因为有五花八门的休闲活动和娱乐可供选择，人们会希望有一个规律性的周休日去从事它们。不过，比起波兰，有一个国家跟周末的关系更不寻常——全世界个人收入最高的日本。

工业化在日本出现得较晚，而跟别的工业化国家相比，有关工作的立法步履迟缓。例如，要到 1926 年，日本才通过法令限制女性和童工的工时数。但规定的一般工时数还是高达一天十一个小时，在某些情况下还允许十五个小时。在 1939 年，一天工作八小时和一星期工作五天的制度在美国已经大行其道，日本人还是平均每天工作超过十小时，一星期工作六天。日本社会的传统价值观强调合群与纪律，所以看不到翘班或圣星期一之类的事情，也没有对抗性的工会为工人争取更多的自由时间。

六天工作制在战后艰难的重建阶段维持不变，这是可以理解的。不过，到了 20 世纪六七十年代，也就是日本已经富裕起来以后，六天工作制仍然维持不变。在 1978 年，一个日本人平均一年要比美国人多工作两百小时。同一年，卡恩（Herman Kahn）出版了《日本人的挑战》一书，认为日本在缩减工时数上要落后于其他工业化国家，但可以预见的是，当前的富裕不久就会让日本人可支配的休闲时间大为增加。他说："随着变得富裕，日本将无可避免会如其他富裕社会一样，把更多注意力放在福利、消费和休闲上。"

卡恩预言会出现的三个项目中，第一个是正确的，第二个有一部分正确，第三个却是错的。《日本人的挑战》出版十年之后，大部分日本人仍然是一天工作八九个小时，从星期一工作到星期六。有一些日本公司（占全日本约 6%，占全国雇员数约 28%）固然是实行五天工作制，但这个数字是骗人的，因为许多雇员会在星期六加班工作。

周末的阙如并未能通过长假期弥补回来。尽管日本法律规定每年的有薪假期得在六至二十天之间，但这一条很少有人严格遵守。据社会学家傅高义（Ezra F. Vogel）观察，典型的日本受薪员工很少会要求休应得的所有假期："如果他要求休该休的所有假期，就会被同事和上司认为是自私和不忠诚的。"其他论者则认为日本人不爱休假是太投入工作所致。不管理由是社会压力还是个人选择，结果是一样的：除了所谓的"黄金周"以外，很多日本人是从来不休长假的。黄金周在五月初，因为有好几个国定假日刚好在这段时间连续，让每个人可以休息四五天。

对日本人这种不情愿休息的现象，最常见的解释是说日本人就像工蜂一样，偏爱工作多于游戏。日本人工作的卖力当然是让人印象深刻的，通常也认为这是日本经济成功的主因之一。这种工作态度开始得很早，日本儿童星期六早上也得上学，平常晚上还得参加补习班，暑假要比美国人短一个月。民调显示，询问日本人最想当什么样的人，最常见的回答是"当个勤奋的人"。有些社会学家主张，大部分日本人没有宗教信仰，却有着某种"新教工作伦理"。不过，现代日本与 19 世纪的工业化国家虽然多有相似之处，却有一个显著的不同：推行周末制度的先驱正是信奉新教的英国和美国。

日语本身没有"休闲"这个字，只有英文外来语。但认为日本人对游乐不感兴趣，却跟日本有极多样化的商业娱乐活动的事实相抵触。很多大众运动（如棒球和高尔夫球）都是近代才输入日本的舶来品，但漫画书却是地道的日本土产——历史可上溯至 18 世纪初，而现在是一门大型产业。弹珠机"扒金宫"也是如此，在日本的风靡程度一如彩票之于法国。同样值得一提的，日本是随身听的发源地，也是家用摄影机、任天堂电视游戏机和一大堆电子娱乐小玩意的发源地。

自 1965 年迄今，日本家庭平均花费在娱乐活动上的金钱已增加了八倍。但跟空闲时间很多而柜子空空如也的波兰人不同的是，日本人需要长时间卖力工作（比美国人工作时长要长得多和卖力得多），才能享用到林林总总的消费品。一位广泛报道远东事务的记者法洛斯（James Fallows）指出，日本的高关税政策和联合价格措施，意味着日本人得花比美国消费者几乎多一倍的钱，才买得到同一样商品。换句话说，日本是用国内的高售价来支撑国外的低售价。当消费品的高价格足以匹敌食品和不动产的价格时（以欧美标准来看高得超乎寻常），日本人在办公室和厂房超时工作的倾向是有道理的。

日本人不只是享有的自由时间比欧美人少，休闲在他们生活中扮演的角色也不同。在当代西方社会，休闲是工作的解药，所以休闲和工作有时间与空间的界线。但在日本，工作与休闲的界线常常是模糊的，对那些领薪水的大企业白领雇员来说尤其如此。他们下班后的吃喝常常是由公司买单，而傍晚很多自由时光都是与同事一起消磨。在某些方面，这种情形与 18 世纪的英国相似，那时工人喝酒、运动和游戏都不是与家人，而是与同事或同一个行会的会员一起。

日本生活的观察者对日本人喜欢长时间待在办公室的现象还有另一个

解释：日本人的办公室一律比家里宽敞舒适。尽管房价高昂，但日本人住屋的狭小和缺乏舒适设施都是出了名的。根据一项调查，1984、1985 和 1986 年，日本人最偏爱的休闲活动前五名分别是出外用餐，开车兜风，国内旅行，出外喝酒和参观动物园、植物园、水族馆或博物馆。所有活动都是在家以外的消遣。

波兰人在周末几乎都是待在家里休闲。不过，就连欧洲和美国这些有大量公众娱乐项目可资选择的地方，周末的演化都是跟家庭生活与日俱增的重要性密不可分的。周六夜外出和周日的郊游固然是欧美的一个重要传统，但人的自由时间还是大部分消磨在家里。或许，周末在日本之所以流行不起来，可以用日本人房子窄小来解释。毕竟，我们的周末生活有很大部分是在家里度过的。家可以让人休息放松，是"什么都不做"的最佳地点，如果一个人的家又热、又吵、又挤、又不舒服，周末的乐趣无疑会大打折扣。

故习虽然难除，但日本人或许还是会得到两天的周末，不论他们喜欢与否。1990 年 4 月，日本政府与美国签订一份贸易协议，其中日本承诺缩短政府雇员的工作日为五天，并鼓励民间企业效法。一篇美国报纸社论挖苦这条协议为"未来懒惰誓言"，反映出美国的谈判代表为了缩减两国的贸易落差有多么挖空心思，不惜要求日本人不要那么埋头苦干，至少不要工作那么长时间。较少的工作日不见得会降低日本的生产力，但会对日本人的日常生活带来什么样的影响却引人好奇。这种影响看来很有可能跟别的地方不一样，毕竟传统上都是把周末视为奖赏，而这是周末第一次被作为一种惩罚引入一个国家。

第七章

僻静之地

离我家好几公里以外，在我开车到镇上必经之路的旁边，是个本地人所谓的露营地。这一带有好几个类似的场地，其他露营地都会取个引人联想的名字如"阵阵清凉"或"阿卡普尔科"（墨西哥最大的海滩）之类，写在色彩缤纷的路边广告牌上。唯独这一个却费解地叫作"木头拐杖"。乍听会以为是给老人家休憩的地方，但主要入住者事实上是有小孩的家庭。另外，称它为露营地也不贴切，因为这里看不到帐篷。大约1946年刚启用时，"木头拐杖"确实是个供人露营的地方。但今天，你会看到的不是暂时性的帆布帐篷，而是数十间小木屋和永久停驻的拖车式房屋——可不是闪闪发光的"清风牌"（Airstream）顶级露营车，而是历经风吹日晒，几十年没有开上路的拖车式房屋。夹杂其间的是一些较新型的休闲车、露营车，甚至有两三间小房子，不牢靠地盘踞在水泥砖墩上。这个建筑大杂烩一部分散布在开阔的空地上，一部分错落在林木之间，依傍着一个人工湖。

即使有湖光山色衬托，"木头拐杖"的外观也并不算漂亮。那些拖车式房屋都经过加盖，挂搭着各种附加物：走廊、门廊、单斜面屋顶等等。显而易见，这些附加元素都是历经多年一点一点拼凑上去的，用的都是单薄而不昂贵的材料（金属片和油漆的三合板等），做工也草率。一切看来都像有待完成或已经半途而废。每户人家的土地都是小小一片（围绕着低矮的篱笆和树篱），里面挤满了杂七杂八的花园家具、野餐桌、秋千、水泥地的院子、平台、组合式花园棚屋、烤肉工具和草坪饰物等。一条狭窄和未铺柏油的道路在这个聚落区蜿蜒通过，两旁设有街灯，有些路段甚至还有街名，但这种追求文雅的努力只让整个地区的凑合个性更形昭彰。

虽然"木头拐杖"也是一片土地住一户人家，但建造物之间的异质性却让这地方跟我看过的任何郊区都有所不同，也不像地中海休闲度假村那种妥善设计的美丽村落。它让我联想到的是第三世界城市边缘的贫民区。我这样说并没有贬低之意，因为贫民区那些 DIY 的建造物虽然有欠文雅和视觉的一贯性，但却反映出居住建造者的智谋，反映出他们怎样努力奋斗，如何用最有限的资源为自己建造一个安身之所。同样的进取性和雄心也明显见于"木头拐杖"那些因陋就简的家居。

　　第一个注意到贫民区与露营地相似之处的人是荷兰建筑师哈伯里根（John Habraken）。根据他的观察，这两种聚落的人家重视的都是营造一个不拘一格，完全符合自己和家人需要的空间。大众和公共空间被当成是次要的，当成弃置废物的地方。哈伯里根指出，这种现象恰恰跟大部分经过规划发展而成的小区相反。在规划好的小区，个人选择的机会受到严厉限制，屋主必须服从土地使用分区管制条例、建筑法规和许多规则，务求把自己调整得符合整个小区的需要。

　　"木头拐杖"还在另一个重要方面有别于大部分的传统小区。在加拿大整个漫长的冬天，区内的拖车式房屋和小木屋都是空置和覆雪的，湖面结冰，光秃秃的树枝让整个露营地从八百米外的高速公路上被看得一清二楚。春天之后（这里的春天都来得突然且短暂，不久就转为全面性的夏天气候），"露营者"就会突然冒出来。他们会挪开封住窗户的三合板，把丙烷槽加满，把草坪家具搬到室外。各户人家的前方空地会撑起遮阳篷和五颜六色的遮阳伞。通达道路的两旁停满汽车，湖里挤满游泳和泛舟的人。到了晚上，路灯和门廊灯光会照亮原先一片漆黑的空间。有些人会在他们的屋子挂上圣诞树的灯饰，整个小区洋溢着一派游乐园般的节庆气氛。

从五月到九月，"木头拐杖"每个周末都会住着三百二十个家庭，但这些短期居民却出乎意料地对镇上生活少有影响。他们大部分都是星期五很晚到达，星期日黄昏离开，其间一般都是待在露营地。有时我会在星期六早上看到他们在超市买啤酒，或是在便利商店买报纸。你一眼就可以认出他们，因为他们都穿花花绿绿的衣服、百慕大短裤和凉鞋（本地农人偏爱绿色工作服和棒球帽）。另一个可以让你认出他们的是吵闹的言行举止。但你很难对他们旁若无人的乐呵呵态度抱怨：他们毕竟是在度假嘛。

就像不一样的服装和举止可以区分周末客与本地居民，他们的小木屋和拖车式房屋也有自成一格的特征。很多人家的入口都有一扇浪漫的格子状大门，而他们的花园里包含很多传统乡村元素：装饰性篱笆、将就的凉亭、假的井口。为了不让别人误会这些建筑元素有任何实质意义，一个露营者曾在拖车式房屋外头挂上一面手刻的牌子，上面写着"母鹿王国"。

为自己的僻静乡居命名历史悠久。几乎两千年前，古罗马官员小普林尼（Pliny the Younger）把他著名的别墅命名为"劳伦塔姆"（Laurentum）。villa（别墅）是个拉丁词，古罗马人用来指盖在城市外围的度假庭园。他们会在夏天到别墅避暑，或在其他时间到那儿享受幽静、田园诗般的环境。小普林尼生活于公元 1 世纪，一生写过很多信札。在其中一封中描绘了自己别墅的种种。"劳伦塔姆"位于第勒尼安海的拉丁姆，离罗马的港口古奥斯提亚不远。

小普林尼以得体的谦逊口气这样形容他的别墅："面积大得可以满足我的需要，但维持起来又不算昂贵。"然而以现代的标准来看，那别墅却是个巨大的建筑复合体。小普林尼是个成功的律师和行政官员，年纪轻轻就被任命为执政官——共和国最高的官职。他的别墅反映出其地位与财富。这座广阔的乡村别墅包含一个健身房、一个温水游泳浴池（可以望得见大海）、一座球场、好几间交谊厅、一间宴会厅、一间饭厅、供主人和客人住的数个套间以及奴隶的住处。

在这复合式建筑的一头有个露天平台，"弥漫着紫罗兰的香气"，可以眺望大海，侧面是一条拱廊，可以通向一组小建筑，小普林尼的私人套间就在其中。小普林尼对这一组建筑特别有感情，因为那是他自己盖的（这样看来别墅的其他部分是上一任主人盖的）。他称这些房间是"真真正正我的所爱"（*Amores mei, revera amores*）。他的套间包含三个房间：卧室、日光浴室（通常是个没有屋顶但却遮风的空间）和起居室（sitting room）——也许应该称为"躺室"，因为罗马人用的家具是睡椅。半躺在睡椅上，小普林尼可以观赏到三面景观：一面是毗邻的树林，一面是邻近的别墅，一面是大海。在这里，他不用忙东忙西，可以静下来阅读或写作，或沉溺于"那种什么都不做的懒惰怡人状态"。

除了文字记载外，小普林尼的别墅没有留下一丝痕迹。不过，罗马城四周至今还叮以看见这一类别墅的废墟——其中以位于蒂沃利的哈德良别墅最为有名。讲究实际的罗马人并非只为享乐而盖别墅，他们通常把别墅盖在自己田产的中央，监视佃农的工作——佃租是重要收入。以今天的标准来说，小普林尼算得上是百万富翁，在离罗马城北方约二百四十公里的提费鲁姆拥有大片田产，就在今日的翁布里亚地区。但他却把四周没有田地的"劳伦塔姆"形容为自己最喜爱的度假别墅。他在另一封信札里说：

"我大部分的作品都是在那儿写出。尽管那儿没有田地，我还是努力工作，开垦我自己。这样，我就可以在书桌上向你展示我的收成，而不是各地的谷仓。"

"劳伦塔姆"不像大部分罗马人别墅那样四周有农田和葡萄园围绕。坐在露天平台上，小普林尼凝视的不是他的田产，而是大海（从他注意到这大海出产的鱼类大多没有价值这一点，反映他还是有个讲究实际的罗马人心灵）。散步的时候，他不是走到农作物之间，而是沙滩上。这更显得"劳伦塔姆"是一座不一样的别墅：不承担任何实际功能，只是供人静下来，放轻松，享受大自然。

到了文艺复兴时代，农舍和乡村别墅有了明显的区隔。15世纪建筑师阿尔贝蒂（Leon Battista Alberti）在他十种论建筑的书里贡献了两章来谈乡村别墅。他把农夫居住的农舍和绅士居住的别墅区分开来。他指出农夫需要为实用而设计的房子，绅士则需要为娱乐而设计的房子。他所说的娱乐包括钓鱼、打猎、骑马、游泳、散步、阅读和"园艺之乐"，换言之就是跟现代人周末到乡村度假没两样的那些娱乐。

当然，不管是佛罗伦萨的贵族（阿尔贝蒂心里想到的绅士就是那些人），还是小普林尼这种罗马绅士，都没有度周末的观念。然而他们使用别墅的方式却更像是周末居处，而非度长假的度假屋。古代的别墅一般都盖在离城市不远的地方，事实上，罗马四周的别墅区乃是它的第一批市郊区，例如普勒尼斯特和图斯库卢姆（西塞罗在此拥有一座避暑山庄）。"劳伦塔姆"并不位于这些热门地点，它离罗马城稍远，约二十七公里，不过路况良好，往返要比《爱玛》里的奈特利先生轻松些，需时也短些。小普林尼在夏天花很多时间待在翁布里亚的产业，但在冬天却经常往返"劳伦塔姆"。他形容："如果坐马车去，旅途就会沉重而缓慢，但若骑马前往，就会柔软而轻松。"这段路程短得"让人可以从容把必要事务处理完毕，再到那里消磨一个晚上，而不需匆匆忙忙或耽搁一些工作"。阿尔贝蒂也注意到这一点的重要性，他说："如果一栋别墅距离不远，靠近城门，带妻小到那儿去就会更容易和更便利，什么时候想去都可以去。"显然通勤般往返别墅是历史悠久的行为。

"木头拐杖"的周末客同样是定期造访他们简陋的别墅。他们从城里来——也就是来自蒙特利尔。车程不到一小时，比小普林尼到别墅所需的时间短。这里没有碧翠的第勒尼安海，但有一座湖；没有铺大理石的球场，但有掷马蹄铁套柱的游戏；没有宴会厅，但有室外野餐桌。各个花园里虽然没有希腊式雕像，却有水泥的鸟澡盆和玻璃纤维的瓷点缀着。环境尽管有异，情趣却相似。事实上，那些小木屋虽然远远不及小普林尼的私宅精致，意义却一样：都是私密、自造、舒适的小圣所。

不过，论财富，小普林尼当然是"木头拐杖"住户望尘莫及的。在城里，他们就像大部分蒙特利尔的工人阶级一样，住在一排排又高又窄的无电梯房屋里——蒙特利尔大部分住宅都是这个样子，这使得旧街区看起来就像 19 世纪的欧洲城镇。由于这些人大部分都是赁屋而居，所以在"木头拐杖"的拖车式房屋或小木屋并不是他们的"第二栋房子"，以所有权来说是第一栋。这种周末度假屋往往是收入不高的人能拥有一个家的唯一办法。事实上，随着都市房屋的售价飙涨到一个新高点，周末度假屋成为很多人一辈子买得起的唯一房产。[1] 乡村土地并不昂贵，而且建筑法规宽松（或阙如），让人可以慢慢边住边盖，因此便宜许多。由此看来，"木头拐杖"这个夏天聚居地的意义比乍看之下要来得深邃许多。看似凑合而成的"游戏屋"事实上暗含一种真正的严肃性——虽然不是定居用的，却提供给拥有者一种安定感与归属感。

　　人类大概打从住进都市开始，就有"在乡村拥有一个居所"的念头。那是对都市生活诸多规则和限制的反动，是摆脱都市生活无可避免加诸个人的束缚的权宜之计。在整个文艺复兴时代，意大利的世家大族持续兴建别墅，而且常常盖在他们的罗马祖先盖过的地点。别墅也不是只限于上层阶级的专利。1598 年，英国史学家和古物研究者斯托（John Stow）在《伦敦调查报告》中提到，有些人把有花园围绕的"避暑屋"就盖在城墙外。这些房子大概是商人和有钱店主的财产。

　　斯托批评这些避暑屋，对它们奇形怪状的塔楼和烟囱不以为然，认为它们除了"炫耀和搞笑"以外，没有别的功能。但斯托没看到重点。这些早期版本的周末度假屋不是为严肃目的而建，之所以不因袭建筑成规，也不是像斯托所说的，是出于"人心的虚荣"，而是反映出拥有者想追求暂时的解脱。在这些房子里，他们想做什么就做什么，爱什么时候做就什么时候做。避暑屋让他们可以不在乎建筑样式的规范性，一如可以让他们不在乎穿着的规范性（小普林尼和阿尔贝蒂都指出过，别墅生活的优点之一

---

[1] 他们在"木头拐杖"的土地是租来的，但拥有地上建筑物的产权。如果一户人家搬家，就会把建筑物卖给下一任"租户"，要是房子经过扩建或修葺，卖出的价钱就会比当初买入的价钱高。

是可以随便穿衣）。

别墅或避暑屋的个性化和想象力，都不容易在都市的家居建筑中看见。不管是"木头拐杖"那些漆得色彩鲜艳的拖车式房屋，还是杜兰特（William West Durant）为纽约上层阶级盖在阿第伦达克山的原木屋，都是蓄意摆脱城市建筑限制的产物。

小普林尼酷爱其别墅的大自然环境和简朴生活。另一方面，别墅的华丽却不输给他罗马城里的宅第，所有罗马富人想要享有的舒适设施应有尽有。要到18世纪晚期，受浪漫主义运动的影响，乡村别墅应该有乡村风味的观念才告出现。其中一个结果，就是让所谓的"观赏性农舍"在摄政时代的英国蔚为流行。这种"农舍"是中产阶级偏爱的度假别墅模式，特色是散漫，追求独树一帜和模仿乡村风味。

然而，对独特性的追求往往会流入古怪的异国情调，让有钱人家的别墅越来越怪里怪气。各种肯定会让小普林尼大吃一惊的建筑样式纷纷出炉：瑞士式木造农舍、诺曼式要塞、中世纪城堡、中国式宝塔、哥特式废墟、摩尔式清真寺，甚至印度式皇宫（布赖顿的皇室楼阁就是这种式样）。很多人都不喜欢这种摆明是假装乡村风味的观赏式农舍，例如诗人柯尔律治（Samuel Taylor Coleridge）就嘲讽这种"绅士的农舍"是"骄傲模仿谦卑"。这种批评，听起来跟斯托所说的"人心的虚荣"相差无几。

第一处观赏性农舍，或者说第一个观赏性村庄，是大约在1781年为皇后玛丽·安托瓦内特盖于凡尔赛的著名村庄。在那之前数年，路易十六把父亲十年前建的避暑山庄小特里亚农宫赐给了玛丽皇后。她在这座美轮美奂的别墅四周营造了时尚的"英国式"园林，让它们尽可能肖似大自然环境。她每年会来这个远离尘嚣的僻静之地两次（分别是在春天和夏天），暂时摆脱一下皇宫繁文缛节的生活。

小特里亚农宫过去一直是避暑别墅，但事实上是座迷你城堡。为了追求自然（或追求卢梭所说的"回归自然"），玛丽命人在附近盖了一座仿诺曼式村庄，里面是一间间茅草屋顶的农舍。在这个漂亮、仿自然的环境里，建筑师米克（Richard Mique）还设计了一座磨坊、一座酪农场和一间鸽房。尽管有这些名字，但其功能是纯娱乐性的：用于非正式的餐饮，打撞球，下双陆棋和跳舞。

要取笑那位假装自己是乡村少女的皇后并不难——她坐在"酪农场"里的大理石桌子前面吃冰激凌，在花园里采摘花朵，在人工湖边拿着鱼竿垂钓。但很多现代人的周末生活跟她的这种装模作样难道有所不同吗？股票经纪人穿上旧衣服开牵引机，巴士司机换上迷彩装打猎，药剂师戴上防水帽划船。玛丽·安托瓦内特的村庄是一个虚拟的世界，但所有现代的乡村僻静之地也无非如此。

如果我跑去问"木头拐杖"的住客，为什么要每个周末都来一次，他们的答案准会是："当然是为了出城，透透气。"小普林尼大概也会有相同的答案，因为他曾经在一封信札中劝告朋友："你应该掌握第一个机会，离开那个喧闹的地方，摆脱城市那些徒劳的匆忙和无意义的投入。"由此看来，那时候就像现在一样，乡间僻静之处的吸引力都在于能够提供静谧，让人可以独处和放松。

论城市的喧嚣匆忙，没有任何时期比得上 19 世纪。工业化首先就意味着都市化，欧洲和美国城市在 19 世纪的人口增长是爆炸性的——类似于今日的第三世界城市。随着国家人口的增长（英国人口在 1800 年至 1850 年间增加了一倍），大量农村人口不得不移入城镇，因为只有在城镇，不断增加的工厂才能提供足够的就业机会。伦敦在 19 世纪初期的人口约一百万，要比维也纳或巴黎多好几倍，是世界的第一大城市；到了 19 世纪末，人口更是直逼五百万。美国的城市因为建立较晚，人口比较少，但成长速度一样惊人——同样是因为农村人口过剩以及大量欧洲移民移入。在 1835 年至 1870 年之间，纽约市的人口从不及二十万增加到一百万，芝加哥的人口则增至三倍。

19 世纪的工业城市为人口的急速成长付出了很大的代价。芒福德把 1820 年至 1900 年间的城市比喻为一个战场：铁路不管三七二十一切断了城市的旧肌理，烟囱冒烟的工厂围绕着居住区一一建立，贫民区又围着工厂纷纷出现。随着房子越盖越高且越发密集，街道也越来越拥挤。传统的废水与废弃物处理系统变得无法支应需要。这些问题最后固然靠着建立水管和下水道系统以及系统性的收垃圾制度而解决，但那已经是很久以后的事了（第一条下水道出现于 19 世纪 50 年代的布鲁克林，但大部分城市到 19 世纪末还没有足够的公共卫生设施）。在这期间，城市是个肮脏、吵闹、拥挤、不安全和不卫生的地方。

蒙特利尔亦不例外。从 19 世纪中期起，这城市的人口经历了一连串壮观的成长。这里的变迁比其他地方还要激烈，因为当英国在一百年前征服这片法国殖民地的时候，蒙特利尔还只是个毛皮集散地，居民不超过九千人。随着英国人移民来此，以及美国独立战争后亲英派的大量涌入，这城市的人口在 1825 年增加到两万两千人。蒸汽轮船的出现让蒙特利尔成了加拿大的主要港口（不久又成了北美洲的最大港口），而建成于 1825年的拉欣运河则连接了海洋航运与五大湖的内河航运。铁路建设也让这个港口可以连接到美国东岸的大城市，先是纽约，后来是波特兰和波士顿。这些有利因素在接下来的二十年里让蒙特利尔的人口增加了一倍，下一个二十年又再翻番。到 1910 年，这城市居住了五十万人。二十年后变成一百万。

也正是在此期间，蒙特利尔新起的富有商人家庭，也像其他地方的新富一样，开始为自己盖第二栋房子，以便不时摆脱越来越拥挤的大都会生活。他们有些在蒙特利尔以北的洛朗蒂德山区盖原木木屋，但这些都只是打猎或钓鱼用的山林小屋，不能算是真正的周末度假屋。大型的避暑别墅如雨后春笋般出现在市郊，也有出现在蒙特利尔岛西端的——从城市坐马车前往的话需时一到两小时。

对有些人来说，这个距离还不够远。因为人口不断增加，蒙特利尔每十年就得重新界定一次范围，不停歇地把圆周推向周遭的乡村地带。这是 19 世纪城市的典型现象，其全然的外扩对城市生活具有冲击力。现代人很容易忘记在工业化之前，城市有多么小。以伊丽莎白女王时代的伦敦为例，它沿着泰晤士河延伸了 1 英里（1.6 公里）多一点儿，一个伦敦人要到乡村去，只需走一小段路。两百年之后的维也纳，也就是莫扎特时代的维也纳，城里住了大约两万人，仍然有城墙，面积也只有大约 1 英里见方。换言之，要从市中心走到城墙，不过是十分钟路程，城墙之外就是乡村了。伦敦城和维也纳内城区都拥挤得有如养兔场，街道狭窄，巷弄歪歪扭扭，高而窄的房子栉比鳞次，一栋紧挨着一栋。但对这些密集小房子的居民而言，要到开阔的乡间去透透气只需来一趟短程漫步。这一情形在 19 世纪不复存在，或至少不再是个普遍现象，而到乡村地区去旅行也成了一种奢侈。

想要逃离拥挤的维多利亚女王时代的城市，有各种实际的理由，但那些花得起这个钱的人还有另一个动机：渴望亲近大自然的美，而且最好是在清新纯正、一尘不染的状态下体验。欣赏原野洪荒也是新体验，英国作家拉斯金（John Ruskin）在 1833 年十四岁时第一次看到阿尔卑斯山，深感震撼。多年后回顾这个体验时他指出，自己当时的情绪是"与时代契合的。距那之前没多少年（不超过一百年），没有一个小孩会对山有感觉"。拉斯金的这个洞见很重要，浪漫主义运动改变的不只是艺术的原则，还有人的感受力。山上视野和海滨景观在从前是被忽略的，现在却是人人乐于追寻的，被认为是让人受益无穷的审美经验。

蒙特利尔是个内陆城市，但有条大河流经于此。在蒙特利尔附近，圣劳伦斯河流过的是一片平坦乏味的农田地貌，但到了魁北克市下方，随着河面拓宽，景观也为之一变：两岸尽是巉岩峭壁，环境美得让人叹为观止。这一带的附加吸引力是夏天清凉宜人（特别是在还没有冷气这回事的时代）。有钱的纽约人喜欢在哈德逊河、新港或罗得岛盖避暑府邸；蒙特利尔的富豪则偏爱圣劳伦斯河下游。有些美国人跟他们所见略同，像塔夫脱总统在萨格奈河就拥有一座避暑别墅。加拿大第一任总理麦克唐纳爵士也是在这一地区避暑。度假饭店雨后春笋般出现在圣劳伦斯河北岸如诗如画的地点如默里湾，还有加拿大最古老的毛皮集散地塔杜萨克。

最靠近蒙特利尔海滨地带的是新不伦瑞克省的芬迪湾。从 1889 年起，"跨殖民地铁路"连接了蒙特利尔与哈利法克斯，加拿大横贯铁路的建造者铁路大亨霍恩爵士（Sir William Van Horne），也把邻近缅因州的明媚滨海小镇圣安德鲁斯打造成波士顿人和蒙特利尔人都爱去的度假胜地。但即使坐火车，蒙特利尔对短程旅游而言也嫌太远，所以大部分人都选择在夏天走海路前往圣安德鲁斯，然后停留一整季。

在通向滨海省份的半路上，离蒙特利尔约六百五十公里之处，跨殖民地铁路会通过度假胜地"梅蒂斯滩"。梅蒂斯滩是个小村庄，位于圣劳伦斯河的南岸，也是圣劳伦斯河岸一连串夏天度假胜地里最远的一个。那里一直住着苏格兰人，但从 19 世纪 50 年代开始，吸引了来自蒙特利尔的夏季游人。他们来此是为了欣赏美丽风景，泛舟钓鱼和呼吸新鲜空气。根据广告宣传，梅蒂斯滩是全北美洲"空气最新鲜的地方"。

第一批度假客是坐马车或蒸汽轮船前往梅蒂斯滩的，但真正让这个避暑胜地兴旺起来的是火车。火车让旅游变得更快捷更舒适。前往蒙特利尔的火车会在晚上十点停靠梅蒂斯滩，然后在第二天早上到达蒙特利尔。在星期天晚上，下火车见见等在火车站的亲戚朋友，成为一星期一次的例行仪式。在其全盛时期，也就是 20 世纪 30 年代，梅蒂斯滩共有四百间私人住宅（有农舍式小别墅也有宅邸）、九家大旅馆、两个高尔夫球场和网球会馆、四座教堂（全属于新教）和一间图书馆。就像"木头拐杖"一样，这个小镇在冬天几乎空无一人，从夏季时的三千人口萎缩至两百名的定居者。

在 20 世纪初期，有越来越多的人开车前往梅蒂斯滩。在当时，汽车看上去只是一种非常便利的交通工具，但事实上，它的出现意味着梅蒂斯滩或圣安德鲁斯这一类上层阶级专享的乡村度假胜地的没落。汽车可以让人到更多的地方旅行——比铁路或蒸汽轮船所能提供的去处要多得多。例如，如果是纽约人，就可以开车直到长岛的尽头——《了不起的盖茨比》的主角盖茨比和朋友就是这样；或开到卡茨基尔。如果是蒙特利尔人，开车就可以轻易到达劳伦琴山脉，或者东镇区的各个漂亮湖泊。

如果汽车的唯一功用只是让有钱人变换娱乐地点，那么它在休闲历史上将只是一个小小注脚。所以与其说是汽车，不如说是汽车的普及化改变了大家的休闲习惯。第一批汽车非常昂贵，只有富人买得起，但自 1914 年亨利·福特开始量产汽车以后，人人都买得起汽车，而人人也都这样做了。到了 1939 年，每四个美国人就拥有一辆汽车（这是当时世界最高的汽车拥有率，事实上，全世界有四分之三的汽车是美国拥有的），加拿大紧追其后，每八个国民就有一辆。[1] 两者的汽车拥有率都远远超前于欧洲的主要国家，包括英国和法国（每十八人一辆），以及第三帝国（每四十二人一辆）。

用历史学家卢卡奇（John Lukacs）的话来说，汽车是"最奇妙的便利品"，之所以奇妙，"不是因为舒适（哪怕最豪华的轿车舒适度亦有限），甚至不是因为可以缩短旅程，而是因为可以让拥有者成为自己时间的主人。他爱什么时候出发就什么时候出发，爱什么时候返回就什么时候返回。他不用看大众交通工具时间表的脸色"。正是这种自由让汽车成为休

---

[1] 当时另有两个国家汽车拥有率排在前面，同样也是前英国殖民地：新西兰（每六人一辆）和澳大利亚（每九人一辆）。

闲的主要工具。

现在，拥有汽车的人越来越多，而他们能够利用汽车的自由时间也越来越多。当初亨利·福特把一周五天工作制引入工厂，理由就在于此。五天工作制的广为接受要比他所预想的来得晚，但这并没有减少汽车的吸引力。汽车在一开始被当成玩物，当成交通工具是后来的事。但最终结果证明了两天周末和私人汽车的结合让人无可抗拒。汽车经常遭指责为市郊区不断扩大的罪魁祸首，不过，美国最早一批市郊发展计划（如 1869 年伊利诺伊州的里弗赛德和 1890 年纽约州的布朗克斯维尔）是发生在廉价汽车面世之前，而按规划者原先的构想，连接市郊与城市（分别是芝加哥和纽约市）的交通工具是铁路。然而，汽车无疑仍以一种较不明显的方式扩大了都市的范围。现在的大都会呈现出一种从前预见不到的新形式：一是都市本身，一是好几公里外的周末度假木屋区。

如今任何加拿大或美国城市的四周，莫不是围绕着一圈星罗棋布的周末聚落——那可以说是都市自身的一面乡村镜子。更好的比喻是把城市和周末聚落比作沙漏的两头。这沙漏一星期有五天是正着放，有两天是倒着放。每个星期五晚上，整个北美洲有无可计数的家庭离城而去，前往他们的乡村僻静之地，去山上，去湖泊，去河流，去海滨，或者是去"木头拐杖"之类不那么如诗如画的地点。与 19 世纪的度假胜地不同的是，今日的周末乡村度假点不是集中在铁路沿线，而是分散于四面八方，也不再为有钱人所独享。

不应该把乡村度假和乡村生活混为一谈，周末对乡村生活的影响并不大。我写这段话是在一个夏天的星期六早上，但我的邻居还在卖力工作，为他的苹果园喷洒杀虫剂。天气看来要下雨，不容他延缓。我另一个邻居养的牛也是不过周末的，它们一星期七天都要人照顾。农人依然按季节休闲（很多人冬天会到佛罗里达去度假），而他们的假日一般都是下雨天。遇到婚丧喜庆当然例外——这种时候，所有人都会把工作停下来。所以说，周末的制度和周末的乡村度假都是一种都市人的习惯。这两者因都市生活而一前一后发展出来。周末是一段透透气的时间，而周末的乡村是一个透透气的空间。

第八章

消磨时间

1989 年，一个由日本人进行的比较研究发现，尽管东京、洛杉矶、纽约三地居民下班后休闲的时间有所不同（分别是三小时、四小时和五小时），但他们的休闲活动都一样：看电视。1989 年类似的一项全国调查也显示，四分之三的加拿大成年人的主要休闲活动是看电视：平均每天 3.1 小时。

不管电视是一种热媒体或冷媒体，也不管内容是不是肤浅无聊，都有一种明显得让人忽略的属性：耗时。一天看三小时电视就等于一星期看二十一小时，这个时间相当于一星期总工作时数的一半。这个数字让人瞠目结舌，历来鲜有社群会把那么多的时间花在一种单一的娱乐活动上。罗马人和斗兽场不会如此（一年只有八次），中世纪的嘉年华会和节日不会如此，连乔治王时代英国人对斗狗、拳击和赛马也没有这么大的热忱。

不过，倒是有一种 18 世纪的休闲活动所需的时间几乎不亚于看电视，那就是看书。就像电视在 20 世纪后半叶激烈改变了休闲的性质，看书在 18 世纪亦复如是。在那之前，印刷书已存在了两百年，不过，直到 18 世纪初才出现比较廉价的纸张和比较快速的印刷机，大大降低了书本的售价，让更多的读者买得起。同时科技的发展也让报纸和杂志出刊成为可能。

书本的流行并不只是技术进步的结果。在 16 世纪以前，大部分印刷书籍都是拉丁文——那是教会人士与学者的通用语。随后，各种欧洲语言的译本陆续出现，而这意味着阅读行为开始在更广大的群众中普及。在 1500 年至 1800 年间，识字的人口在北欧和西北欧增长迅速（这两个地方要比欧洲其余地方进步）。到了 18 世纪中叶，有些国家如苏格兰、瑞典和丹麦，所有成年人都识字，但不一定能写。在这一点上，宗教改革无疑是一大推手，因为新教强调个人应该直接阅读《圣经》。另外两个因素是城市的成长（城市居民的识字程度总是高于乡村居民）和送小孩上学念书的风气越来越盛。

书本演化为一种不昂贵的商品（从前是奢侈品）也影响了其内容。印刷商和书商的出发点是牟利，因此书本的内容直接反映大众品位（这点与从前的手抄本书籍大不相同）。最早的书本内容都是宗教性的，这并不奇怪，因为大部分买书和读书的人都是神职人员；中世纪的哲学和神学书籍，以及法律的文本也有一个小市场，读者主要是学者和律师。

从 16 世纪起，人阅读的动机开始不是出于宗教热忱或学术志向，而是为了追求乐趣。历史书是热门书种，罗马史学家李维、哲人普鲁塔克及恺撒所写的古典历史作品尤其受欢迎。据法国历史学家费夫尔（Lucien Febvre）的观察，"同一批的广大读者对历史有不移的偏好，而且通常偏好历史演义多于客观的记载。例如，特洛伊的传奇就深受欢迎，而他们对想象性的文学同样着迷"。这种对演义的渴求助长了《亚瑟王传奇》和《罗兰之歌》这一类中世纪传奇文学的长盛不衰，也催生了诸如《高卢的阿马迪斯》等新作品。《高卢的阿马迪斯》是一部骑士传奇，在 16 世纪有多达六十种西班牙语版本，在全欧洲都是畅销书。最后，蒙特马约尔（Jorge de Montemayor）的《狄安娜》和拉伯雷的滑稽讽刺故事皆为现代小说打好了基础。我们前面已经说过，小说的出现，标志着一种新类型休闲活动的来临——内向性、个人化及私密性的休闲方式。但发生转变的，不只有阅读物易于取得和书籍内容的通俗化，还有阅读的方式。

在 16 世纪和 18 世纪之间，越来越多的人学会了一种新技巧：阅读的时候不把字大声念出来。在书本稀少的时代，大部分人看书时都习惯一边看一边大声念，而很多读者因为缺乏写字的能力，看书时得一个字一个字念出来，才能克服不熟悉的文本。他们还需要克服大量的错别字，在拼写还没有标准化的时代，一个字到底是怎么写的往往全凭排字工人的自由心证。大声念书的习惯还有一个成因：在识字的人多起来以前，书本往往由一个人念给一群人听。换言之，阅读在当时是一种公开性、社会性的活动。

一旦人学会静静阅读，阅读就成为安静与孤独的活动。静静阅读让阅读者能迅速内化书本的内容。那是一种高度私密的行为，而这一点，也反映在书本内容的转变上：很多小说的题材都跟个人的内心世界有关。静静阅读也把人从周遭世界中抽离出来——这种抽离起初只是心理性的，后来却变成了空间性的。在 15 和 16 世纪，拥有私人图书馆的人寥寥无几（主要是教士和律师）。但到了 17 世纪晚期，拥有可观藏书的中产阶级也不再稀奇了，以所写日记闻名的佩皮斯（Samuel Pepys）就是其中之一。他的家拥有专门藏书的房间，可在闲暇时独自阅读和写作。[1]

18 世纪的书房（名词为 study）虽然称为书房，但与其说是个供研究学问（动词的 study）的地方，不如说是个供人放松的地方。一个人独自看书长久以来都是画家喜爱的题材，但中世纪画家笔下的看书人都是学者或隐士，反观法国夏尔丹（Chardin）等画家画的却是中产阶级，以女性更为常见，而且把他们画成慵懒放松地看书，而非孜孜苦读。

一般认为阅读的私人化是现代早期的重要文化发展，也是休闲史上的

---

[1] 与无声的个人化阅读同时出现的是个人化的书写，日记、札记和回忆录之类的文类都在 17 世纪出现。

里程碑。孤独的阅读成了个人休闲的理想载体，看书的人可以做些什么，也可以什么都不做。他可以挑这本书或那本书看。是要一页一页把书看完还是随意翻翻，任由思绪浮想联翩，全凭自己做主。阅读需要一些长时段的宁静时间：如果以一分钟读两百个字这种舒适的速度阅读，那看完一部一般的小说约需时十五个钟头。反省、沉思、孤独——这些心灵素质都是跟阅读行为相关联的。还有一种心灵素质是抽离：从周遭的世界和日常的关切中抽离，回到自我。

在 18 世纪，说到阅读私人化趋势的强劲度，没有任何地方比得上美国——识字的人非常多，大众对书本的需求也相对很大。1776 年，潘恩（Thomas Paine）的反君主制度小册子《常识》出版，两个月内就卖了十万册（当时大部分的图书销售量不会超过两万册）。这本书最后总计卖出四十万册。要知道，当时的美国人口只有三百万。以今天的美国人口数来换算，相当于卖了两千四百万册。"在今天的美国，只有超级碗能引起那么大的瞩目。"美国作家与媒体评论者波兹曼（Neil Postman）感慨万分地说。

现在有数以千万计的美国人不识字或不读书。[1] 每年庞大的出书量（单是美国一地一年就有五万本新书）让一个事实隐而不彰：买书人士只占一个极小的数量，大概只有全人口的 10%。在本章开头提到的那项加拿大

---

[1] 据估计，有多达三分之一的加拿大人和美国人是"功能性的文盲"。不那么显著却同样让人困惑的一点是，识字而不读书的人数量也相当庞大。布尔斯廷称这些人为"文字冷感者"（aliterates）。

调查指出，只有 18% 的受访者表示他们每天至少会读一份报纸，也只有 16% 的受访者表示他们会用闲暇时间来读一份杂志或一本书。

电视的批评者常常说看电视是一种"被动的行为"。与慢跑或打网球这些积极性娱乐比较起来，这无疑是事实。但是，看电视并不比看风景、听音乐或阅读等活动更被动些。就像看书一样，看电视是一种抽离，但却是不同的抽离。电视告诉你的，是一个不需要运用想象力的故事，画面和声音提供了我们需要知道的一切，没有需要你去填满的空白。看电视更恰当的称呼是"瞪电视"，要求你的眼你的耳同时无休止地参与，不容遐想空间。这正是看电视是较次等休闲活动的原因，不是因为它的被动性，而是因为它让人没有多少省思与沉思的机会。

不管是坐在沙滩上晒太阳，看书，或是聆听维瓦尔第的音乐，我们的注意力都可以随意在视觉、味觉、听觉之间转换。心灵会在景物中晃进晃出，身体感受会刺激起思绪、回忆和省思。这些停顿是放轻松去感觉的基本要素。看电视却不同，它是聚焦的、结构化和程序化的。广告会出现在固定的间歇。如果你在看电视时分神，就会有错失情节之虞，所以你不能随意进进出出画面。换言之，你失去了自由，而自由是休闲的基本元素。遥控器可以让电视观众恢复一点自由，录像机让观众收复的自由更多，因为你可以让画面加快或放缓，甚至停格。但这些都是粗糙的技术——比重读一本书的一个句子，或者停下来思考刚刚读过的文字，实在粗糙多了。总而言之，与阅读相比，看电视是一种贫乏的休闲活动。

阅读和看电视还有另一层重要的差异。认真的阅读者几乎每天都会看书，这除了是一种习惯以外，也是书本内容的要求。以 19 世纪的小说为例，常常包括数十个人物互相穿插的情节，读的时候要非常用心，如果把书搁下太久，再看时就可能一头雾水。同样的道理也适用于非小说类的严肃作品，论点都是循序渐进，要看得懂下一个论点，必须记得住前面的论点。一本书也不是让人一次读完的，书会分成一章一章，就是为了提供给读者方便的停歇处。

想要看书，先决条件是要有一些不长而会反复出现的空闲时间。现在，工作日中的休闲时间缩短，让很多人很难拥有固定的看书时间。周末假期于事无补，因为相隔太远了。虽然具有间歇性的优势，但周末至少是无助于阅读书本的，而这也解释了何以杂志的数量会呈爆炸性增加——跟阅读书本比起来，阅读杂志可以说是一种快餐。不过，看书不见得已经完全失去吸引力，重点只在是不是能契合现代的休闲时段。这一点，从专供在暑假或海边度假时阅读的小说大受欢迎可见一斑。

电视的时间表显然更能配合现代生活的步伐。除了日间节目，戏剧节目的情节也是配合七天一循环的节奏。每一个星期，一群既定角色都会演一出独立的戏，可模拟一则短篇故事。哪怕一部剧集的情节会从一个星期延续到下一星期，但每一集一开始都会有一段前情提要，提醒观众前面发生过什么事。电视观众也不是每一集都非看过不可，因为有别于一本书的章节，剧集的每一集往往可以单独观赏。

大部分人的工作日程表都是排得满满的，这意味着需要一种可以配合不规则间歇的休闲形式，或是一种可延后到周末来进行的休闲形式。这情形不利于阅读活动，不过，却另有一些休闲活动像看电视一样，可以时断时续进行。听音乐就是一个例子——听完整首《四季》只需要大约四十分钟。集邮，组装模型船和砌砖头等消遣也是如此，可以利用各种零碎时间来从事，每次的时间也可以长短不一。

一般人称集邮和组装模型为"嗜好"（hobby）。hobby 是一个奇怪的英文单词，在其他的欧洲语言里没有对应的词。源出中世纪的 hobbin 一词，而就像 dobbin 一样，hobbin 是对拉车马匹的昵称。hobby 的原意是"小马"，hobbyhorse 也指哑剧演员或莫里斯舞者穿戴在腰间的马状模型。因为有这层跟游戏的渊源，hobby 后来也用来指玩具木马，可以装在游戏杆上，也可以只是连着杆子的马头，供小孩游戏之用。[1] 早在 17 世纪，"骑自己的玩具木马"（riding one's hobbyhorse）一语就不是指小孩骑在一匹假马上，而是指大人沉迷于旁人看来无聊的消遣。最后，在 19 世纪，hobby 一词才开始用来形容特殊种类的休闲活动。

19 世纪的典型嗜好是搜集。收藏东西（特别是旧的东西）是一种维多利亚女王时代的激情，而博物馆就是 19 世纪的发明。富有的人搜集大批东方瓷器、日本绘画和各种异国情调物品，资财不丰的人则搜集压花、火柴盒，集邮更是其中最风行的。

第一枚有背胶的邮票是著名的"黑便士邮票"（Penny Black），发行于 1840 年，上面印着维多利亚女王的肖像。到了 19 世纪 40 年代末期，大部分的大国家都已经发行邮票，人们也开始集邮。最早一段跟集邮有关的文字出现在 1841 年伦敦《泰晤士报》上，是一则征求启事："一位年轻仕

---

[1] hobbyhorse 也用来称呼自行车的前身。这种老式的自行车只由两个轮子和连接轮子的一根横杆构成，骑者坐在横杆上，双足踏地前进。在 19 世纪初，它在欧洲和美国曾短期风行过。

女渴望以用过的邮票来覆盖更衣室的墙壁。在朋友的帮助下，已经成功搜集一万六千枚。然而这个数量仍然不够，所以强烈祈愿任何看到这则短文的善心人士帮助她达成这个古怪的心愿。"不多久，发行的邮票就繁复多样得远远不只可以拿来当壁纸了。19 世纪 60 年代初，集邮已成了国际时尚。在 1860 年至 1863 年之间，第一批邮票目录发行于比利时、英国、法国和美国，集邮的杂志出现在好几个国家。有个法国人制作了第一本集邮册；另一个法国人发明了 philately 这个新用语，取代原本的 timbromania，成为"集邮"这种热门消遣的通称。

这类个人化的休闲活动在 19 世纪以前并不寻常，但自此以后却越来越普遍。"骑自己的玩具木马"一语也从带有贬义转变为带有敬意。美国诗人与哲学家桑塔亚纳（George Santayana）曾经形容英国"是个个体性、怪僻、异端、嗜好与幽默的天堂"。他可是给嗜好找对了同伴。因为嗜好之所以有别于其他娱乐，正在于从事者所投入的激情，与嗜好活动的重要性完全不成比例。嗜好活动是同时做什么和不做什么的一种方式。

容我打个岔谈谈我自己。儿时我有很多嗜好（组装铁路模型，集邮，玩木偶），打鼓也可以说是我年轻时的一项嗜好。如果你问我现在有什么嗜好，我却会搔首踟蹰。我当然爱阅读和听音乐，但书本和音乐已经成为日常生活的一大部分，难以称为嗜好。我喜欢做木工，但需要一个书架时，我不一定会自己动手做。好些年前，我打开儿时的集邮册，想要重拾搜集加拿大邮票的老兴趣，却发现集邮在我眼中已经魅力尽失，唯一让我想起的只有加拿大的邮政系统有多差劲。另外，当首次拥有一部个人计算机时，我曾以为打计算机游戏会成为我的新嗜好——但在打了几小时的

"太空海盗大冒险"之后，这种错觉就不药而愈了。

我最接近嗜好的活动是划船——确实已成了我的周末娱乐。这种19世纪的消遣可以满足我对船的遐思，又无须大张旗鼓。划船是一种让人轻松的活动，虽然也需要温和的体力支出，但这刚好可以消除我惯于久坐引起的罪恶感。如果你不想走太远，那么一艘单人划艇是最理想的，我那艘是20世纪20年代纽约手指湖用来钓鳟鱼的那种划艇的复制品，比汽艇要少些噪声，而结构的复杂程度也远比帆船低。这项嗜好让人可以分享知名作家索鲁（Paul Theroux）所说的"泛舟的秘密"：身在水上的感觉是完全不同于在陆地的，会让你发现一个不同的世界。我想，这也是嗜好之所为吧。

哪种消遣是"人类最高尚的娱乐……陶冶性情的最好方式"？这番话是培根（Francis Bacon）在逝世前一年（1625年）写下的，而他自己给的答案既非阅读也不是听音乐，甚至不是悠闲地泛舟。这位著名哲学家描述的是园艺。

园艺是一种沉迷，而且是历史悠久的那种。现存最古老的文学作品《吉尔伽美什史诗》提到一片园林，而所有古代重要文明（两河文明、埃及文明、波斯文明、罗马文明）都曾建造过极为漂亮和精致的皇家园林，通常面积都很大，类似当今的大公园。知名花园如蒂沃利的哈德良别墅，规模之大反映出主人的富有。就连小普林尼那座较小的乡村别墅也需要相当多的工人才能够维持，培根在他文章中提议的十二公顷大的花园自然也是如此。

有别于贵族大庭园的家庭小花园，其历史尚待人去执笔。然而在缺乏物质证据的情况下，这部历史恐怕很难写出来，虽然伊斯法罕、阿兰布拉宫、沃勒维孔特这些知名花园近乎完好无缺地保存了下来，但一般人家的花园模样只能通过绘画或文字描述等二手资料知其梗概。

不过家庭小花园的历史肯定相当悠久，因为希腊和罗马时代的每一户人家都有一个由拱廊围绕的中庭。中庭里摆放着盆栽，种有花草，而且通常有一个水池，房子里每个房间的窗户都会开向中庭。这种中庭花园后来成为东方花园的原型（在整个中东以及印度都可以看到），但在中世纪的欧洲，却被窄长的排屋取代，花园改设在后头。中世纪小花园的前身是非开放式、有围墙的，最初依附于僧院建筑（一种从拜占庭教堂衍生出来的建筑模式）。这种修道院式花园称为"伊甸园"，就像其波斯前身一样，象征童女玛利亚与贞洁，也象征失落的伊甸园。有围墙的果园（中世纪人的居家安全意识不下于我们）也有浪漫的成分在内，因为往往是情人约会的地方。

最终围墙成了家居的固定构筑。住宅后方有围墙的花园几近一个神秘、魔幻的空间，而这不只是因为可以提供隐秘之所。在房子细分各种用途的房间以前，套用历史学家拉努姆（Orest Ranum）迷人的说法：花园就已经是个"私密的庇护所"，也提供了人独自谛视大自然（尤其是花朵）的空间。玫瑰是最受喜爱的花种，同样地，在小普林尼的时代，还有紫罗兰也很受欢迎。花园是专为休闲而设（一户人家通常还会有个菜园），特别强调是"喜乐的园子"，是个"什么事都不做"的绝佳去处。那里一般都会有一张长凳（通常设在遮阳篷架下），让人可以舒服地私密聊天或谈情说爱。

《庭园与园艺史》的作者海姆斯（Edward Hyams）主张，17 世纪的荷兰人首先发展出小型市郊花园。这些形式化的花园是法国花坛的迷你翻版，植有黄杨木树篱和修剪得光怪陆离的灌木，地面的花草会种成旋涡形图案，四周以五颜六色的土壤、贝壳和岩石来镶边。春天的时候当然看得到郁金香，但荷兰人的花园跟自然完全沾不上边：花园里树木的树干都漆成白色，还摆放着一些闪亮、廉价而逼真的彩像（这也是种法国时尚，至今市郊人家点缀草坪的地精和火鹤塑像即源自此）。这种花园是炫耀用的（全都辟建在屋前），不是供人闲坐的，这也是为什么荷兰画家描绘家居生活时，喜欢把背景放在室内，极少放在花园里。

所有花园都试图在人类与自然间建立一种快乐与有意义的均衡。《花园诗学》的作者摩尔（Charles Moore）指出："要怎样做到这一点，人类历史上似乎只出现过两种基本想法。"第一种是有围墙的"伊甸园"花园，把世界阻隔在外，创造出一个条理井然的内部伊甸园。传统波斯式的围墙花园以正方形为标准，划分为四等分，再由步道和水道进一步切割。在这个基本架构里，有无限多的可能排列组合，如西班牙的伊斯兰式花园和印度的蒙古风格庭园。在文艺复兴时代的意大利和 17 世纪的法国与荷兰，伊甸园花园再度流行，虽然经过修正，但几何形式的格局维持不变。

第二种与第一种同样古老，不是根据几何形式构筑花园，而是根据自然世界的形式：不对称、弯弯曲曲、多样化、如诗如画。这样的花园首先见于中国和日本，传入欧洲要归功于 18 世纪的英国园艺家。从 18 世纪 30 年代起，这类名园纷纷出现，如肯特（William Kent）设计的鲁沙姆府邸。被英国作家及著名社会评论家沃波尔（Horace Walpole）誉为新园艺风格创始者的肯特，本身也是个建筑师，但他的园艺观念却来自绘画知识。肯特把花园设计成一系列的景观（和观景点），景观也不只是花草树木和流水，而是纳入古典元素如凉亭、圣堂、小桥、人像。几何形状花园的象征性是可以用知性欣赏的，而且一眼就可以尽收眼底。但是，自然造景的英国花园却不同，要求人走在里面，慢慢细看，而且不止看一次，因为景色会在一天和一年之中因时而异。

　　肯特及其知名继承者布朗（Capability Brown）和雷普顿（Humphry Repton）都是专业造景设计家，但沃波尔主张，造园的设计工作最好还是留给业余的造园者，因为最了解一个庭园的莫过于它的主人："一年四季从早到晚都看得见自己的庭园，知道哪个部分的美不会与便利设施相抵触。经过无数次的静静散步（偶尔骑马），也会注意到上千个可以改进之处，而那是一个用几天时间画出一张漂亮蓝图的设计师所无法顾及的——他哪有空暇去检视每一个部分的细节和关系？"

　　18世纪是个业余爱好者大显身手的时期，沃波尔本人就是个知名的业余建筑师，他整修府邸的哥特式风格旋即成为全欧洲的时尚。不过，18世纪最受瞩目的业余爱好者还是要数造园家。其中一位是从政的艾斯拉比（John Aislabie），因为卷入"南海骗局"丑闻而辞官，退隐到约克郡，用余年在皇家斯塔德利庄园创造了一个异常精美的水园林。还有申斯通（William Shenstone），他是诗人，也是《园艺杂论》一书的作者，出于健康理由而遁隐，在其家族的乡村产业营造了一个名为"观赏农场"的漂亮庭园。然而，当时最有名的业余造园家既非诗人，也不是贵族，而是银行家霍尔（Henry Hoare）。"斯陶尔黑德"是霍尔父亲生前买下的帕拉弟奥式别墅，父亲过后，霍尔花了三十年时间将其经营得美轮美奂。宏大复杂的"斯陶尔黑德"环绕着一座八公顷大的人工湖，许多人认为这是整个18世纪最棒的英国庭园。

有财力建造"斯陶尔黑德"庭园的业余者不多。不过，门槛低仍然是园艺的吸引力之一。花园不是王子或富有银行家的专利，任何人都可以拥有自己的花园。第一本英语园艺指南《居家园艺系统：园艺艺术》显然就是这种想法。这本书出版于1677年，作者沃利奇（John Worlidge）形容当时的小型私人花园："英国南部的农舍很少不建个比例相称的花园，能提供的乐趣如此之大，大部分人都不愿意错过。花园不只可以提供观赏花草树木之乐，还可以让主人在婚丧喜庆等特别的场合，提供自家与邻居来自花园适时的各项产物。"英国专业园艺家阿伯克龙比（John Abercrombie）出版于1766年的园艺指南专为小型花园的所有者而写——书名是《人人都是自己的园丁》。

当时一如现在，小花园结合了实用与美，换言之是结合了蔬菜与花草。切斯特顿有次写道，他喜欢他的厨房花园，因为那里包含了可以吃的东西。从土里挖出一个马铃薯或拔出一根胡萝卜总是可以带给人满足感，而能够种植自己的食物，无疑也是园艺带给人的主要快乐之一。小花园在乡村地区一直都相当普遍，城居者却要等到19世纪末"配园运动"兴起才得以一享园艺之乐。这运动发源于德国，旋即传遍整个欧洲，再传到英国。它鼓励市政府把城镇边缘和铁路沿线的荒地分割成一小片一小片，租给没有花园的市民垦殖。这运动的原意是提供一种健康户外活动，但它凑巧地与星期六半日制并在一起，于是很快成为周末休闲的热点。它们成了僻静之地，蔓生出许多肖似娃娃屋的棚屋和小木屋。到了20世纪30年代，英国已经有一百五十多万个这样的园圃，而在第二次世界大战期间，这个数字更是因为"为胜利而挖地"运动（英国政府发起的运动，鼓励国民多种植、多生产有用的蔬果，以支持国家对德作战）的鼓励而继续增加。

这种租地从事园艺的风气在波兰也流行起来，据统计，有一百多万户城市人家向政府租了地，另外有一百五十万户在排队等候。这种园圃（通常位于城市好几公里之外）会流行起来，是波兰人突然多出星期六的闲暇日而又缺乏其他娱乐的结果。种植蔬菜水果是有经济效益的，在波兰特别如此，因为食物短缺的情形常常发生。但除了经济理由外，一小块地也让人有机会盖一些简陋的小木屋，把园圃转化成一个周末的僻静之地。波兰社会学家奥尔谢夫斯卡（Anna Olszewska）指出："垦殖这些花园现已成为消磨周末的寻常方式，也成为社会或家庭聚会的地点。"

在北美洲，租地从事园艺的风气没那么盛行，因为在第二次世界大战之后，美国搬到市郊的人口越来越多，这些人家都有自己的一片地，不需要另外租地。现在，每个北美人真的都是自己的园丁。在 1952 年，美国人花在购买花草、种子、盆栽、园艺器材上的钱超过十亿美元，这个数字在过去二十年来稳定增加——几乎是买书费用的两倍。据 1980 年的人口调查统计，有一亿美国人住在市郊，占总人口的 40%。他们绝大部分拥有花园。

相似的模式也见于他国。在英国，有三分之二的住宅属于自有住宅，而园艺（就像其他以家为中心的消遣一样）的流行程度也一直稳定上升。1989 年一项对匈牙利工人阶级的调查显示，尽管看电视已成了最主要的娱乐，但园艺仍然是最受欢迎的室外休闲活动。一项 1978 年对澳大利亚阿德莱德市郊区花园的调查发现，人们一星期平均在花园里待二十二小时，从事园艺和其他娱乐。这份调查报告的结论指出，私人花园要比该市任何户外娱乐场地的使用更密集，也更有弹性。

展望未来，园艺将会继续是热门的消遣。园艺能够轻易配合现代人工作五日休息二日的作息时间表。照顾花园并不需要严格的日程表，而且最适合在周末和周末度假别墅从事。随着城市日渐拥挤和越来越多的人住在公寓里，可以提供园艺土地的将会是乡村，不管那土地有多小。就连"木头拐杖"那些小户人家也有自己小小的花园、蔷薇花丛或装饰性花圃。

园艺是一种自发性的活动，是为自娱而做，也符合赫伊津哈为真正的游戏下的三个标准：它代表自由，它处于日常生活之外，它有自己的轨迹与意义（就像大部分游戏一样，园艺的意义也可以是严肃的）。但园艺是一种特别的游戏。不同于观看运动比赛以及大部分的游戏和跳舞之类的娱乐活动，园艺不是群体性的，而一般都是私人性的。园艺者就像看书的人一样，是个孤独的角色：他从真实世界抽离，退到一个他自己创造的世界里。

独处的能力是一项可贵的人格特质，通常都出现在有创造力的人身上，但它也许还有更重要的功能。精神病学家斯托尔（Anthony Storr）述及孤独对创造力的重要性，他主张精神安定的人不只可在人际关系中找到生命的意义，还会在追求孤独的个人兴趣中找到生命的意义。所以，套用小普林尼的话来说，开垦花园也许也是一种开垦自我的方式。

园艺是孤独但也涉及户外的体能活动（挖地，种植，修剪），因此是治疗机械化现代职场生活的一帖良药。就此而言，花园可以同时提供娱乐

（在花园里工作）和休闲（闲坐在花园里）。

园艺不适合那些追求实时满足感的人——一座漂亮的花园不是一蹴可及的。买除草机、耕耘机和种子都是要钱的，但园艺基本上不是一种消费形式，而它的继续盛行，意味着传统的休闲方式也许对现代化仍然有抵抗力。那些批评社会越来越沉迷于休闲商品的评论者都没有向园艺开炮——例如，凡勃伦就决定不把园艺放在"炫耀性消费"的名单上。拉什（Christopher Lasch）在《自恋主义文化》一书中同样没有针砭园艺，此书主张现代的休闲生活乃是商品生产的延伸和工业的附属品。也许，园艺跟这两者还是死对头。

第九章

休闲的难题

在 1919 年，匈牙利精神病学家费伦奇（Sándor Ferenczi）发表了一篇短文，题为《星期日精神官能症》。文中谈到碰到过好几位精神官能症的病人，发病时间都是周期性的。虽然精神官能症每一年在同一个时间发作是寻常现象，但他谈到的病例却是每星期发作一次。更稀奇的是，他们大部分都是发病于一星期的同一天：星期日。排除掉一些跟星期日有关的生理因素（如睡太多，吃了一些特别的假日食物或饮食过度），费伦奇得出一个结论：病人的歇斯底里症状是由星期日的假日特征引起的。这个假设看似可以从一个特别病例获得证实：有个病人是犹太小孩，每次发病都是在星期五傍晚，也就是安息日的前夕。费伦奇猜测这些假日精神官能症病患的头痛和呕吐症状，其实是对周日假期的自由的一种反动。由于星期日容许各种放松的行为（吵闹的家庭游戏，野餐和衣着随便等），有精神官能症倾向的人也许会对"假日放纵嬉戏的宣泄"感到不自在。这类人要不是有着强烈的自我约束冲动，要不就是对放松压抑有罪恶感。

费伦奇形容星期日是"我们可以做自己主人的一天，这一天，我们感觉自己不再桎梏于环境加诸我们的各种责任和催逼，伴随而来的是一种内在解放之感"。"星期日精神官能症"是一个临床术语，但传达出"假日会让人压抑的本能松绑"的观念，这不免让一些"有识之士"忧心忡忡，担心随着休闲时间的普遍增加，整个社会将变成脱缰的野马。整个 20 世纪 20 年代出版了为数众多的文章和书籍，探讨所谓的"新休闲"的危害，作者包括欧美两地的精神病学家、心理学家和社会学家。这些专家普遍认为工人阶级不知道要怎样打发多出来的自由时间。

这种观点背后的逻辑是种老生常谈：少些工作意味着多些空闲，多些空闲就会导致懒散，而懒散又会让撒旦有机可乘——这是尽人皆知的道理。禁酒运动鼓吹者持的正是这种论证，他们认为缩短工时所多出来的时间只会让工人买醉。不管这个论证有什么优点（饮酒过度无疑是一种普遍现象），我们还是嗅得出来，这一类"关切"只是精英分子不愿意让一般人拥有个人自由的掩饰心态。社会改革家（很多知识分子亦复如是）对一般大众的选择能力一向相当悲观，而当流行的娱乐不符合健康娱乐的既有定义时，这一类人更是振振有词，也更加坚决。

在《无休止地工作》一书中，亨尼克特叙述了这一类思考方式在经济大萧条以前对那些反对星期六放假的雇主有多大影响。较短的工作日最后还是被接受了（往往不情不愿），其中一个理由是很多研究都指出的，工人每天拥有较长的休息时间且较不疲累的话，生产量将会增加。但星期六放假却不被认为具有这种功能。亨尼克特指出："星期六放假被认为只会让工人有机会不干好事。"与其让他们不干好事，倒不如把他们留在工作岗位，少惹些麻烦。

经济大萧条让这种抗拒的家长作风搁在一旁，或至少是部分受到修正。尽管雇主团体和罗斯福政府都反对工人团体提议的一周工作三十小时（这会形成二或三天的周末），但《三十小时法》还是于1933年在国会提出并加以辩论。后来，三十小时工作制的主张被《全国工业复兴法案》稀释。不过，工人要求减少工时的呼声实在太大，无法置之不理。很多产业都采取了较短的工作日，又把一周工作日的长度从六天减为五天。

对于人应该怎样利用这种新得来的自由，论者看法不一。一些经济学家期待多出来的闲暇时间可以刺激休闲商品的消费，带动停滞的经济。

中产阶级的社会改革家则视之为国民健康和国民知识自我提升的契机，这也是奥弗斯特里特（H. A. Overstreet）于 1934 年出版的《文明的闲晃方式指南》要传达的讯息，这书后来的版本改名为《文明的休闲方式指南》。书中鼓励人从事各种有意义的活动，从参与业余戏剧演出到当志愿者，洋洋洒洒，不一而足。他的某些建议很有先见之明（如提倡骑自行车和健行），但另一些热情推荐（如打锣）至今还乏人问津。若说他鼓吹的"闲晃"方式有些太过怪异，那只是因为大家需要填满的自由时间实在太多。但奥弗斯特里特就像他之前的社会改革家一样，对于休闲的观念颇为狭窄，例如，他忘了提两个深受美国人喜爱的消遣——打猎和钓鱼；又例如，禁酒令虽然已经撤销，但他也没提到社交性的浅酌。

休闲时间增加可能带给社会的两个好处，一个是经济上的，一个是文化上的，在很多人看起来是互不兼容的。这个"休闲的难题"正是美国作家与新闻记者李普曼（Walter Lippmann）于 1930 年发表的《自由时间与额外金钱》中开宗明义提出的（全文载于《妇女家庭指南》）。他警告说美国这个工作取向的社会，还没有为它的成员做好准备，以迎接休闲来临。[1] 李普曼担心，如果人不能善用空闲时间，这些时间就有可能被虚耗在大众娱乐和商业化消遣上。他的观点后来衍生出有关通俗社会学的著作与文章，包括《休闲的挑战》《休闲的威胁》，有一本甚至叫《休闲的威逼》。

这种关注奠基于一个普遍的假设：现在人人可得的自由时间之多是空

---

[1] 四分之一个世纪后，阿伦特在《人的境况》一书中呼应了李普曼的这种观点。她说："我们面临的前景是一个没有劳动的劳工社会——不工作，人将不知道要干些什么。显然没有比这更糟的事了。"

前的，所以"休闲的难题"也是空前的。例如，在经济大萧条以前，一个美国人一星期工作 40 小时，换言之，就是他一年醒着的 5840 个小时里面，只有不到一半是用于工作；反观一百年之前，工作时间占去了一个人醒着时间的三分之二。但诚如阿伦特指出的，老是把现代的工时数去跟工业革命时期比较是种误导，因为工业革命时代的工时数非常高。如果我们把现代的工时数跟更早的历史时期比较，将得到不同的结论。以 4 世纪的罗马为例，每年有 175 天的国定假期，所以用在工作的时间要少于醒着时间的三分之一。在中世纪的欧洲，因宗教节日所减少的一整年工作时间远少于现代标准的两千个小时。事实上，直到 18 世纪为止，欧洲人和美国人所享有的自由时间都要多于今天。20 世纪 30 年代的美国工人只是才刚赶上而已。

但大部分评论家都喜欢放眼未来。他们看到的是更进一步的机械化和科技创新，让职场的效率和生产力更往前推。"压迫折腾人的旧世界正在过去，如今我们进入了一个新自由的阶段……在这个富足的年代，我们可以预期，由我们自己支配的时间将会越来越多。"这番话是奥弗斯特里特在国会辩论《三十小时法》翌年写下的。在他和其他人看来，降低工时的趋势将会持续一段很长的时间。另一位论者则说："任何否定这一代人可以活着见到二小时工作制来临的人，都是鲁莽的先知。"

他们都错得离谱。美国的工时数在经济大萧条的时代落到最低，然后就再次回升。新政的目标是创造工作机会而不是减少工时。1938 年的《合理劳动标准法》所规定的工时数不是 30 小时而是 40 小时，诚如亨尼克特所指出的，此法让持续了一世纪的工时下降趋势戛然而止。从种种证据看来，过去50年来，美国工时下降的趋势不只是停止了，甚至是逆转了。1948年，全职的美国人中有13%一星期工作超过49小时；到了1979年，这个人数占比已悄悄爬升为18%。又10年之后，据美国劳动统计局的估计，全部8800万全职的美国人之中，一星期工作超过49小时的占整整24%。

你问任何人一星期工作多少时间，他们都一定可以精确回答出来。然而，要他们回答一星期休闲时间的多寡，却要困难许多。其中一个理由是休闲时间是不规则的，另一个理由是休闲的认定因人而异。对某些人来说，为草坪除草是个苦差事，但对另一些人来说却是怡人的消遣。到商场购物可以是一趟星期六的轻松出游，但也可能是桩负担。大部分人都把看电视视作休闲，但吃一顿星期日的"早午餐"又如何？有时，同一种活动如遛狗，可以是愉快的，也可以是不愉快的，端视天气而定。说到底，一种活动算不算是休闲，有相当程度是要看我们的心态。

对休闲习惯的研究常常会有不同的结果。有两个近期的调查显示（一个由马里兰大学进行，一个由密歇根调查研究中心进行），美国人每星期大约有39小时休闲时光。另一方面，全国艺术研究中心在1988年所做的调查却得到非常不同的结论："美国人每周休闲时光的中间值是16.6小时。"真相大概是介乎两者之间。

全国艺术研究中心另一个较不让人惊讶的结论是，大部分美国人过去十五年来的每周休闲时间下降了9.6小时（说这个结论较不让人惊讶，是因为现在一星期工作超过49小时的人数增加了许多）。要是19世纪那些苦苦争取较短工时的激进分子听到这个统计数字，一定会大为纳闷："只有 8 小时随心所欲？这我们能干啥？"

毫无疑问，有些人会故意超时工作，或是出于事业野心，或是出于不愿面对家庭问题，又或是纯粹控制不了自己。"工作瘾"（workaholic）是个较新的词（第二次世界大战后的美国特有的词语），但耽于工作却不是新鲜事（切斯特顿和美国总统杰斐逊都是例子），也没有证据显示，这一类人现在要比从前为多。当然，对很多人来说，较长的工作时间并不是自愿的——不工作就无法把所有账单结清。这一点自美国穷人开始增加的 20世纪 70 年代以降尤其明显，只不过，休闲时间的缩短始见于富裕的 20 世纪 60 年代，所以说经济需求并不是唯一解释。

二十年前，瑞典社会学家林德（Staffan Linder）曾写书，探讨美国财富增加但休闲时间减少的吊诡现象。呼应李普曼的态度，林德指出在一个富裕的消费社会，奢侈物品的市场促销和个人的休闲时间，两者之间是存在冲突的。当工时在美国开始缩短时，可供一般大众购买的奢侈品并不多，所以一般都是把多出来的自由时光用于休闲。然而，随着所谓"休闲产业"的成长，人有了选择：要更多的自由时光还是花更多的钱？只有富人可以两者兼得。如果是一般人想要享受滑雪又想玩帆船这类奢侈的娱乐，就得更卖力工作——用自由时间来加班或兼职。不管是因为广告宣传的效力，还是纯粹的物欲作祟，大多数人都是选择花更多钱，而不是拥有更多自由时光。

统计数字显示，个人收入的增加并不必然是经济更加繁荣的结果。现在美国人之所以收入更高，只是因为他们工作更久。相当大比例的自由时间转化为林德所谓的"消费时间"，反映出"时间密集"的休闲正转向

"商品密集"的休闲。《美国新闻与世界报道》指出，美国人现在每年购买运动用品的费用超过 130 亿美元；换一个方式来讲，就是大约有 13 亿小时的潜在休闲时光被拿来换取了休闲用品。在 1989 年，为了支付这种开销，兼职的人数达到新高（占全部在职人口的 6.2%）。

最戏剧性的转变大概就是女性大规模进入劳动市场。在 1950 年，只有 30% 的美国女性出外工作，而这主要是出于家计的需要。从 20 世纪 60 年代开始，中产阶级妇女不愿意在市郊过着与世隔绝的生活，希望用部分休闲时间换取购买力，因而开始进入职场。到了 1968 年，一半以上的美国成年女性（包括有小孩的已婚妇人）出外工作。这种趋势并没有趋缓的迹象：在 1980 年至 1988 年之间，领双薪或双薪以上的家庭从 1900 万户增加为 2100 万户。

把职场的工作称为"出外工作"很贴切，因为家务还是需要做，一天大概需要三至四小时。不管是夫妇共同分担，还是太太一个人扛（这较普遍），家务成了"二班制"工作的一部分，夫妻一方或双方的休闲时间急剧减少。第二次世界大战以后，美国人的房子平均面积比从前要来得大，而更大的房子意味着要花更多时间来打扫、维护和修葺。[1]

即使一个人选择少消费而多留在家里，还是有其他因素削减他们的自由时间。现在，许多人搬到市郊居住，上下班的通勤时间要比以往长。购物也是如此——一周一次开车到大型购物中心采购，要比走路到街角杂货店花时间。离心化的市郊生活是以汽车为依靠的。父母成了司机，得接送

---

[1] 在 20 世纪 50 年代，美国一栋新房子的平均面积不大于 90 平方米；到了 1983 年，这数字增加至 160 平方米左右；到了 1986 年还要再加上约 10 平方米。

子女去上舞蹈课，打曲棍球，到公共游泳池游泳。家里的录音机、个人计算机和除草机都是要花钱买的，坏了也得花钱修理，而汽车也需要定期保养——有时还不止一辆。所有这些节省劳力的便利用品都在无休止地蚕食我们可支配的自由时间。传真机、寻呼机和笔记本电脑的存在，也意味着晚上把工作带回家不再是困难的或出于自愿的。就连早上开车上班那段可以沉思默想的时间，现在都因为手机面世而被剥夺。

研究显示自由时间越来越短，同时也认为周末主宰了休闲，两者其实并不冲突。更长的工时和更多的加班，侵蚀的主要是工作日的休闲时间。更长的通勤时间、接送子女和星期五晚上的采购亦复如是。周末是唯一真正可以放轻松的时间，当然是在星期六把家务事都做完以后。

但周末却为我们的自由时间加上严格的时间表，让我们有种紧迫感（"马上又到星期一了"），而这跟休闲的目的——"放轻松"——背道而驰。来去匆匆的周末乡村度假很难说得上悠闲，把各种娱乐活动压缩到两天的周末去进行也是如此。正如切斯特顿所预言，休闲的自由已经变成了休闲的责任，而我们有责任去从事的休闲项目更是一张长长的清单：有为自我改善的艰苦锻炼（健身、慢跑、骑自行车），有争强好胜的运动（网球、高尔夫球），有需要超高技巧的消遣（帆船、滑雪）。

打网球或玩风帆之类的娱乐谈不上是新鲜事物，但在周末制度来到之前，大部分人都只将其当成季节性活动。当一年一度的长假期开始，从储藏室深处挖出网球拍，启封贮存的游泳衣，抹去雪橇的灰尘，强调的玩乐远多于技巧。那就像是在夏天度假屋玩拼字游戏：没有人会记得所有规则，但大家都乐在其中。现在每个周末都可得到的自由时间却改变了这种漫不经心的态度。周末娱乐的频繁性让持续参与和持续改善成为可能，也鼓励了人们追求熟练程度与技巧。

技巧是不可少的，因为现代娱乐的特征之一就是困难。很多19世纪的娱乐（如泛舟）都不需要什么特别技巧。但想要驾驭风帆却需要先经过相当多的练习和拥有灵巧的身手——这正是其充满吸引力的部分原因。现在，即使是相对简单的游戏，也因为人人追求卓越的企图而显得复杂化。人人强调专业，而专业与否表现在是不是有恰当的装备和正确的服装（尤其是鞋子）。这一切都意味着，现代人不但有从事休闲活动的责任，还有责任在从事休闲活动时表现出色。

对表现出色的渴望，无论是操舟或造船，反映出以往人在职场的那种需求。从前，能力表现在工作上，假日则是一段嬉闹的时光。今天的情况则倒过来，科技的进步让大部分工作都不太需要能力。装配作业线的工作如此（几乎不需要训练和经验，也就是说不需要技术），大部分服务业的职位（便利商店、快餐店的店员等）也是如此（服务业还需要懂得怎样微笑和说"谢谢光临"）。就连一些本来倚重技术的工作也朝这个方向发展，房屋建筑就是一个例子。如今房子大部分的组件都是工厂造好的，工人的职责只是装配组合。汽车修理也一样，主要是把坏掉的零件换成新零件。技术需求的降低不只限于体力劳动的工作。好的记忆力一度是白领雇员必备的条件，但计算机让这种能力显得多余。当老师曾经需要生动的表达能力，但现在却可以倚赖投影机和录像带之类的辅助器材。在政治界，演讲术已被三十秒的原声摘要播出[1]糟蹋。

所以，休闲的历史历经了一个出人意表的转折。对很多人来说，周末的自由时光不再是摆脱劳动的机会，而是一个创造有意义劳动的机会（也就是把娱乐当成卖力的对象），以便可以得到职场再也无法提供的成就感。

"休闲"是我们语汇中最被误解的词语。我们常常混用"娱乐"和"休闲"二词——如"娱乐室""休息与娱乐""休闲装""休闲工业"，体现的其实是不同的观念。娱乐带有一种必要性与目的性。不管是多么怡人的一帖工作对症剂，娱乐都是一种积极的投入，而且抱有特定目的，要让心或身或身心的疲劳消除掉。但这不啻是说，娱乐是工作的一种结果，也是为了做更多工作的一种准备。

休闲却不同。这种不同正是李普曼把商业性娱乐区别于个人休闲的原因。休闲不像娱乐，意义不与工作相关联，而是自足的。"休闲"这个词的拉丁词源是 licere，意为"被准许的"，这反映出跟自由有关。但又是哪方面的自由呢？根据切斯特顿令人愉悦的观点，休闲最主要是一个容许什么都不做的机会。但他所谓的"什么都不做"并不是指"发呆"，而是指一个反省或沉思的机会——一个向内看而非向外看的机会。用伏尔泰的话来说，就是一个可以照顾自我花园的机会。这也是为什么切斯特顿说这一类的自由是"最珍贵、最抚慰人、最高尚和神圣的"。

---

[1] Thirty-second sound bite，指新闻报道对政治人物发言的摘要播出，通常都很短。——译注

在《懒散颂》一文中，罗素（Bertrand Russell）把休闲放到一个更大的历史脉络里。他说："休闲对文明来说是不可或缺的，过去只为少数人所拥有的休闲，是靠着多数人的劳动而成为可能。他们的劳动是有价值的，这不是因为工作是好的，而是因为休闲是好的。"本身也是贵族的罗素指出，著书立说，发明哲学，创造科学，栽培艺术，做出这些成就的正是有闲阶级而非劳动人民。他说这番话并不是要为阶级制度请命，相反地，他建议应该把过去只为少数人所享有的休闲扩大到所有人。这是对工作伦理的公然攻击，而他认为工作伦理只是骗人接受一种无休闲生活的诡计。他指出这种诡计并未成功，因为工人阶级并没有认为工作是什么美好事物，他们会去工作，只是为了养家糊口，不得不然。

罗素强调的是，我们不应该对休闲有罪恶感——这种罪恶感是现代社会强加、灌输的。罗素之所以歌颂"懒散"，切斯特顿之所以鼓吹"什么都不做"，都是蓄意挑衅视"忙个不停"为最高价值的社会。他们都很同意亚里士多德，认为休闲是人生的目的。亚里士多德说："我们工作，是为了得享休闲。"

《懒散颂》写于 1932 年，时值经济大萧条的高峰。现在看起来，罗素鼓吹四小时工时制未免乐观过头。但周末稍后在许多社群突然流行起来，却反映出休闲的重要性重新受到了重视，即便程度不完全符合罗素的期望，内涵也不是切斯特顿所乐见的。我不能不怀疑，周末制度蔚为流行，除了功能性原因以外另有他解。它之所以具有普遍的吸引力，会不会是因为正好呼应了一些历史悠远、深埋人心的需求呢？既然"行星周"具有神话根源，而星期日和安息日也带有宗教性质，这个问题的答案似乎也可以在早期的宗教态度中寻得。

宗教史家伊利亚德（Mircea Eliade）认为，前现代传统社会的特征是以两种截然不同的方式体验世界，相当于两种不连续的存在样态：圣与俗。伊利亚德认为神圣是以不同的方式展现自己——比方说物理空间的知觉形式。世俗的世界是混乱的，充满威胁，但圣地的存在或建立，赋予了它结构与目的。圣地可以是一片自然的空间，比方说一棵圣树或一座圣山，但也可以是人为的。所有的古代民族在建立聚落或构筑房子前都会先举行复杂的仪式，目的与其说是保护这些聚落或房子，不如说是为了界定一个神圣的空间。

最基本的神圣空间是家——房子不只是个遮风避雨的地方，若把宇宙象征系统加入结构中，房子也可以转化为圣所。以印第安人的纳瓦霍人为例，他们的"泥盖木屋"（hogan）就是以神圣的原型为蓝本。泥盖木屋都是圆锥形的，模仿新墨西哥州一座纳瓦霍人称为"大地心脏"的圣山。他们相信第一间泥盖木屋是上帝所筑，柱子是由白贝壳、绿松石、鲍鱼贝、黑曜岩构成，所以当纳瓦霍人建筑一间新的泥盖木屋时，都会把这四种矿物的碎块埋在四根主柱底下，这四根主柱分别对应罗盘的四个方位。用这种方式，建屋者打断日常世界的连续性，创造了一个与之分离的奇幻空间。

当人从炎热的沙漠踏入泥盖木屋阴暗、清凉的空间时，就是踏进了古代世界的一部分。换言之，他进入的不只是一个神圣空间，也是一段神圣时间。伊利亚德认为世俗时间是寻常的一般时间，但神圣时间（也就是节庆和宗教节日的时间）是亘古原始的、神话性的，处于日常生活之外。在神圣时间内，时钟不止是停止的，甚至是倒转的。宗教仪式的目的正是把这个过去整合到现在，以这种方式，神圣时间变成一个独立、重复的连续体的一部分，成了"一个永恒神秘的现在"。

伊利亚德认为现代西方社会的特征是"非宗教性的"，意味着把世界去神圣化和去神话化。对非宗教性的人而言，只有世俗的空间与世俗的时间。然而伊利亚德又指出，因为这个社会是源自过去的宗教性社会，所以无法完全自古代的宗教信仰抽离；也就是说，会有一些古老的信仰残留，但以伪装的方式呈现。例如，电影还是会使用神话题材，比方英雄与怪物搏斗，英雄下阴间以及英雄历经考验性磨难等。就连在我们的家里，虽然不再像纳瓦霍人的泥盖木屋那样，将宇宙象征系统全面地纳入居所，然而仪式也从未完全消失，例如举行乔迁派对，新郎入屋时抱新娘跨过门槛，在前门而非后门迎接重要客人，或是在节庆时布置家里……这反映出，虽然我们把房子视作一种商品，但家仍是一个特别空间，有别于实际的世界。

那么，主张周和周末的反复循环是古代圣与俗对比的现代翻版，会不会太天马行空？周末显然不是任何严格意义的历史残留，因为它要到19世纪才出现，而且是特定社会和经济条件下的产物。我也不是暗示世俗的周末是宗教节日的替代品，尽管其与宗教仪式显然有关联。然而，工作日与周末，世俗与神圣，这两对组合之间还是有很多惊人的相似之处。

工作日的时间就像世俗的时间一样是线性的，一日接一日，一年接一年，不可逆地往前进。过去的时间就是失去了的时间。学生时代之后就是职场阶段，一份工作之后是第二份、第三份。我不可能变回小学生、大学生或焦躁等待人生第一个客户的年轻建筑师。[1] 工作日的时间不只是线性的，而且也像世俗时间一样，充满变数。在这一周里，有人升职有人被开除，股市或升或跌，从政者当选或败选。历史给人的感觉总是发生在工作日。[2]

相反地，借柏拉图的话来说，周末则是"喘口气的机会"，是一段断裂开来的时间。是一段跟世俗问题与世俗关怀的世界分离开来的时间，一段跟谋生赚钱的世界分离开来的时间。在周末，时间是静止下来的，而这不只是因为我们摘下了手表。就像假日在海滩与小孩一起筑沙堡是我们重温童年岁月的机会，很多我们在周末所做的事都是在从前的周末做过的。就此而论，周末时光就像神圣时间一样，是一段不断重演的时光。另外，神圣时间的一大特征是涉及仪式，虽然周末是一个发挥个人自由的机会，但我们在周末所做的事很多都是陈陈相因的：耙扫树叶，烤肉，看电影，过周末夜生活，读星期日报纸，吃"早午餐"，收听下午歌剧广播，开车兜风，举办车库拍卖会，探访亲友。周末的可预测性是让人舒适的原因之一。

伊利亚德指出，虽然不同的时代和不同的社会都有神圣时间的观念，但采取的仪式却各异其趣。一桩事件在某个文化里被视为神圣，但在另一个文化里可能毫无意义；一种节庆在某个社会可能是禁忌时段，但在别的社会却不是。各个社会的起源神话也各自不同。

---

[1] 若干年前我参加高中同学会——那可以视为一种重温高中时光的努力。相当有启示作用的是，大家谈话的主题是运动和业余活动，而非学生时代的往事。

[2] 显著的例外是战争，因为战争通常都是爆发于周末——那是为了出敌不意。1940 年德国的闪电战发动于星期六早上；日本偷袭珍珠港是在星期日；埃及发动"赎罪日战争"是在安息日。

周末休闲的形态也因地而异。例如欧洲，北方人周末看的书要比南方人多；德国人和丹麦人最爱在周末玩乐器；英国人最嗜赌；意大利看电影的人最多；除了法国人以外的欧洲人都喜欢打网球。加拿大人和美国人品然多有相似，但对休闲的态度却有所分歧。很多调查一贯显示，美国人要比加拿大人更加相信工作伦理（也就是说美国人更相信卖力工作是一种"美德"）。大概就是这个原因，加拿大人才会更重视个人休闲，而对商业化休闲（如星期日上商场购物）的接受速度也慢上许多。

　　在工作风格日趋国际化的今天，这种在休闲态度上的国别差异很受瞩目。不管全世界哪个国家，朝九晚五生活的一大特征都是迈向标准化。因为国际竞争和企业的跨国属性，科技从一个国家到另一个国家的转移几乎是实时的。全世界所有办公室的配备都是相同的：电话、传真机、文字处理器、计算机和复印机。日本人在美国和加拿大盖汽车工厂，美国人在东欧盖工厂，欧洲人则在南美盖工厂。产业界越来越为一些极大和极相似（但数目却越来越少）的企业所主宰。而随着工作形态的更加标准化和国际化，我们可以预期休闲形态会更加本国化、地区化和歧异化。

　　休闲一向部分地是摆脱工作的避难所。周末同样是从工作中的撤离，但却是以不同的方式：摆脱抽象与普遍，转向在地与特殊化。在这个意义上，休闲看来将会继续是文化的根基——如同皮珀所宣称的。每个文化都选择了一个用来架构工作与休闲的方法，与此同时，也等于是深刻宣示了不同文化的特性。有些文化的时间架构是自己发明的，有些是改编自他人的架构，有些则是把不同的旧架构并置再重组。于是我们看到了一张长长的休闲日清单：公众节庆、家庭节日、市集日、禁忌日、不吉日、圣日、庆典、圣星期一和圣星期四、纪念日、暑假，还有周末。

周末是现代西方人的发明，是另一个解决古代两难困境的尝试。另一方面，周末的制度又反映出现代人对休闲的态度仍然存在很多未解的矛盾。我们希望有休闲的自由，但又希望休闲是规律性的，一周一次，就像时钟一样规律。圣星期一的吸引力在于让人想要"摸鱼"就可以"摸鱼"，反观周末的规律性却跟个人自由和自发性的观念相左。"工作日—周末"的钟摆具有机械性，让人产生负担，形成对悠闲状态的一种干扰。就像神圣时间一样，周末具有一种让人舒适的重复性，但另一方面，周末休闲活动的选项又常常很有限。当被问到："你周末都做些什么？"我们一般都是回答："还不是那些。"语气中掺杂着无奈与释怀。

我们发明了周末，但旧禁忌的阴霾仍然盘桓在这两天的假期之上，而世俗日与神圣日的结合也让我们感到不自在。这种紧张进一步被不工作的罪恶感强化，使得我们被一种烦人的思绪滋扰：自由时光应该用于一些比寻欢作乐更高的目的。我们渴望闲暇，与此同时却又害怕闲暇。

我们是为了休闲而工作的吗？还是反过来？因为答案不确定，所以我们决定把它们分开。要形容这种现象，"两种文化"也许是个好词——那是英国小说家兼科学家斯诺（C. P. Snow）从别的脉络里首先提出的。我们每个星期都会从工作过渡到休闲一次：从世俗的、共通的、越来越非个人的、需索无度的、越发官僚作风的工作世界，过渡到内省的、私人的、可驾驭的和抚慰性的休闲世界。周末既是我们的，又不是我们的——是我们得翘首引颈等待一整个星期才能得到的。

致谢

我想写一本谈论休闲的书已有许多年，最早的大纲写成于 1986 年。因为有另一本书临时插队，打断了我的原定计划，但我必须承认，这种打断是我乐意的，因为对于要怎样下笔，我感到搔首踟蹰。自凡勃伦在 1899 年楬橥以来，那么多人讨论过休闲这个议题，以致该谈能谈的看来已经穷尽、榨干。尽管如此，这个课题仍然萦系我心。我不知道休闲为什么会让我如此神迷——可能因为我很同意科沃德（Noel Coward）所说："工作比玩乐更让人乐。"我乐在我的工作，但人总不能整天工作，那么，工作与工作之间的时间段落，确切意义究竟为何？只是休息的段落吗，还是不止于此？这本书是我的经纪人卡尔（Carl Brandt）鼓励、鞭策下的成果，要不是他，我不会坚持到底。维京出版社的丹（Dan Frank）是温和的批评者，也是友好的支持者。写作过程中，我屡次与约翰（John Lukacs）通信，向他请益，而一如既往，他总是目光如炬，惠我良多。我也要感谢哈利雅特（Harriet Brown）出色的书稿编校。最后，我得对麦吉尔大学（McGill University）研究图书馆工作人员的大力帮忙致以谢意。

1989 年 3 月至 1990 年 12 月

参考文献 ──────────────────────────

　　起心动念并非学术著作，所以本书或可说是个长篇专论。即便如此，我依然得益于诸多学者，谨此列出启迪过我的主要资料来源，庶几还算妥适。

第一章　自由时光

　　关于维瓦尔第的资料来自 Marc Pincherle, *Vivaldi: Genius of the Baroque* (trans. Christopher Hatch, New York, 1962)。

　　周日报纸的历史背景来自 Sidney Kobre, *Development of American Journalism* (Dubuque, Iowa, 1969)。

　　G. K. Chesterton 的文章，"On Leisure"，载于 *Generally Speaking* (London, 1928)。

　　对丘吉尔砌砖工作的描述，见于 William Manchester, *The Last Lion: Winston Spencer Churchill, Vision of Glory, 1874-1932* (Boston, 1983)。

　　Lewis Mumford 对有意义的工作的看法，载于 *The Pentagon of Power* (New York, 1964)。

　　任何对休闲和工作之间的关系感兴趣的人都须阅读 Josef Pieper，主要是 *Leisure: The Basis of Culture* (trans. Alexander Dru, New York, 1952)，以及 *In Tune with the World: A Theory of Festivity* (trans. Richard and Clara Winston, Chicago, 1965)。

第二章　周而复始

　　关于七天工作制起源的信息，主要来自 F. H. Colson 的宜人之作 *The Week: An Essay on the Origin and Development of the Seven-Day Cycle* (Cambridge, 1926)，以及 Hutton Webster 的经典之作 *Rest Days* (New York, 1916)，还有 Eviatar Zerubavel 的两本著作：*Hidden Rhythms: Schedules and Calendars in Social Life* (Chicago 1981)。

　　　　　　　　　　　　　　　等待周末｜双休日的起源与意义

The Seven Day Cycle (New York, 1985).

关于古代历法，我参考了以下文献：

Benjamin D. Meritt, *The Athenian Year* (Berkeley & Los Angeles, 1961).

Agnes Kirsopp Michels, *The Calendar of the Roman Republic* (Princeton, 1967).

W. M. O'Neil, *Time and the Calendars* (Sydney, 1978).

David S. Landes, *Revolution in Time: Clocks and the Making of the Modern World* (Cambridge, Mass., 1983).

Daniel J. Boorstin, *The Discoverers* (New York, 1983).

Simon Schama 在其著作 *Citizens: A Chronicle of the French Revolution* (New York, 1989) 中描述了法国的革命日历；关于苏联尝试重组工作周的细节，来自 Leonard E. Hubbard, *Soviet Labour and Industry* (London, 1942)。

Jeremy Campbell 于 *Winston Churchill's Afternoon Nap: A Wide-Awake Inquiry into the Human Nature of Time* (New York, 1986) 概述了时间生物学方面的近期发现。

第三章　具深意的一天

Hannah Arendt 对工作的观察，载于 *The Human Condition* (Chicago, 1958)。

各种文化中的假期数量主要来自 Hutton Webster。

Montreal Gazette: "Tokyoites more tired, stressed than residents of N. Y. or L. A." (July 31, 1989) 报道了对东京居民休假时间的研究结果。

关于第一次世界大战期间更长工时的研究参见：S. Howard Bartley and Eloise Chute, *Fatigue and Impairment in Man* (New York, 1947)。关于疲劳问题：Angelo Mosso, *Fatigue* (trans. Margaret Drummond and W. B. Drummond, New York, 1906)；以及较晚近的文献 *Psychological Aspects and Physiological Correlates of Work and Fatigue* (Ernst Simonson and Philip C. Weiser, eds., Springfield, Ill., 1976)。观察到周末产量下降的英国作者是 Donald Scott，其著作是 *The Psychology of Work* (London, 1970)。

关于禁忌日，我（再一次）有赖于 Hutton Webster。至于 Thorstein Veblen 的名著，当然是 *The Theory of the Leisure Class* (New York, 1979)。

市集周的各种传统，主要来自以下文献：

Martin P. Nilsson, *Primitive Time-Reckoning* (Lund, 1920).

F. E. Forbes, *Dahomey and the Dahomans* (London, 1851).

C. R. Markham, *First Part of the Royal Commentaries of the Yncas* (London, 1871).

殖民地时期的美国安息日主义，相关描述见于 Winton U. Solberg, *Redeem the Time: The Puritan Sabbath in Early America* (Cambridge, Mass., 1977)。

David Rome 在两本专著中讲述了魁北克省关于星期日法规的辩论：

On Sunday Observance, 1906 (Canadian Jewish Archives No. 14, Montreal, 1979).

The Jewish Congress Archival Record of 1936 (Canadian Jewish Archives, No. 8, Montreal, 1978).

W. D. K. Kernaghan 未出版的博士论文对此亦有涉及：

Freedom of Religion in the Province of Quebec, with Particular Reference to the Jews, Jehovah's Witnesses and Church-State Relations 1930-1960 (Duke University, 1966).

第四章　星期日在公园

关于修拉的资料有很多来源。我参考了 John Russell 的 *Seurat* (London, 1965)，并借鉴了 Richard Thomson 在 *Seurat* (Oxford, 1985) 中对大碗岛的分析。

关于当时巴黎生活的信息，我参考了 Eugen Weber 令人钦佩的著作 *France, Fin de Siecle* (Cambridge, Mass., 1986)。

学者们对 18 世纪英国休闲的研究是非常丰富的。我参考了 Hugh Cunningham 的著作 *Leisure in the Industrial Revolution* (New York, 1980)，大部分材料来自 J. H. Plumb 的两篇杰出文章：

"The Public, Literature, and the Arts in the Eighteenth Century" (in *The Emergence of Leisure*, Michael R. Marrus, ed., New York, 1974).

"The Commercialization of Leisure in Eighteenth-century England" (in Neil McKendrick et al., *The Birth of a Consumer Society*, Bloomington, Indiana, 1982).

Ruth Manning-Sanders 在 *The English Circus* (London, 1952) 中讲述了马戏团的历史。

关于饮食：

J. C. Drummond and Anne Wilbraham, *The Englishman's Food: A History of Five Centuries of English Diet* (London, 1939).

Fernand Braudel, *The Structures of Everyday Life: The Limits of the Possible* (trans.

Sian Reynolds, New York, 1981).

第五章　圣星期一

本章的大部分历史材料来自 Douglas A. Reid 的文章 "The Decline of Saint Monday 1766-1876" (*Past and Present*, 71, 1976)。

有关圣星期一传统和 18 世纪休闲的其他资料来源有：E. P. Thompson, "Time, Work-Discipline, and Industrial Capitalism" (*Past & Present*, 38, 1967)；Michael R. Marrus 在其主编的 *The Emergence of Leisure* (Michael R. Marrus, ed., New York, 1974) 一书中所写的"导论"。Thomas Wright 的著作 *Some Habits and Customs of the Working Classes by a Journeyman Engineer* (London, 1867) 是对工人阶级生活习俗的同时代记录。

关于"早打烊协会"，参见 Wilfred B. Whitaker, *Victorian and Edwardian Shopworkers: The Struggle to Obtain Better Conditions and a Half-Holiday* (Newton Abbot, 1973)。

关于维多利亚时代的休闲，可参阅 Peter Bailey, *Leisure and Class in Victorian England* (London, 1978)；Ralph Dutton, *The Victorian Home* (London, 1954)；以及 Colin MacInnes 迷人的小书 *Sweet Saturday Night: Pop Song 1840-1920* (London, 1967)，该书是歌舞剧场歌曲的来源。

第六章　周休二日制的世界演变

关于美国工作周的缩短，我依据的文献是：

Joseph S. Zeisel, "The Workweek in American Industry 1850-1956" (*Monthly Labor Review*, 81, January, 1958).

Daniel T. Rodgers, *The Work Ethic in Industrial America 1850-1920* (Chicago, 1974).

David R. Roediger and Philip S. Foner, *Our Own Time: A History of American Labor and the Working Day* (New York, 1989).

Roy Rosenzweig, *Eight Hours for What We Will: Workers and Leisure in an Industrial City, 1870-1920* (Cambridge, 1983).

Marion Cotter Cahill, *Shorter Hours: A Study of the Movement Since the Civil War* (New York, 1932).

韦斯特切斯特郡的社会研究，载于 *Leisure: A Suburban Study* (New York, 1934)，作者

为 George A. Lundberg、Mirra Komarovsky 及 Mary Alice McInerny。

关于电影业的早期历史：Lary May, *Screening Out the Past: The Birth of Mass Culture and the Motion Picture Industry* (New York, 1980)。

Benjamin Kline Hunnicutt 有价值的研究 *Work Without End: Abandoning Shorter Hours for the Right to Work* (Philadelphia, 1988)，提供了 1920 年至 1940 年的相关概况。

关于法西斯星期六的出现，我归功于 Victoria de Grazia 的精彩研究：*The Culture of Consent: Mass Organization of Leisure in Fascist Italy* (Cambridge, 1981)。

德国的素材是基于以下文献：

L. Hamburger, *How Nazi Germany Has Mobilized and Controlled Labor* (Washington, D.C., 1940).

Richard Grunberger, *The 12-Year Reich: A Social History of Nazi Germany 1933-1945* (New York, 1971).

Wallace R. Deuel, *People under Hitler* (New York, 1942).

至于欧洲的休闲信息，我依据的是：Anthony Edward, *Leisure Spending in the European Community: Forecasts to 1990* (London, January 1981)。

关于法国的周末：Joffre Dumazedier, *Sociology of Leisure* (trans. Marea A. McKenzie, Amsterdam, 1974)。

关于以色列：Elihu Katz and Michael Gurevitch, *The Secularization of Leisure: Culture and Communication in Israel* (London, 1976)。

关于波兰周末的出现，见 Neal Ascherson 的著作 *The Polish August: The Self-Limiting Revolution* (New York, 1981)，以及 Anna Olszewska 的文章 "Poland: The Impact of the Crisis on Leisure Patterns"，载于 *Leisure and Lifestyle: A Comparative Analysis of Free Time* (Anna Olszewska and K. Roberts, eds., London, 1989)。后一本文集中还包含了一篇关于日本休闲的有用文章：Sampei Koseki 的 "Japan: Homo Ludens Japonicus"。

此外，由于无法访问日本，我从以下文献中收集了有用的信息：

Herman Kahn and Thomas Pepper, *The Japanese Challenge: The Success and Failure of Economic Success* (New York, 1980).

Ezra F. Vogel 的社会学研究 *Japan's New Middle Class: The Salary Man and His Family in a Tokyo Suburb* (Berkeley, Calif., 1963).

Jared Taylor, *Shadows of the Rising Sun: A Critical View of the "Japanese Miracle"* (New York, 1983).

James Allen Dator 的两篇文章："The 'Protestant Ethic' in Japan"，载于 *Select Readings on Modern Japanese Society* (George K. Yamamoto and Tsuyoshi Ishida, eds., Berkeley, Calif., 1971)；"Protection Racket"，载于 *The New Republic* (202, 18, April 30, 1990)。以及 James Fallows 富有洞察力的文章 "The Hard Life"，载于 *Atlantic* (263, 3, March, 1989)。

第七章 僻静之地

John Habraken 在 "Aap Noot Mies Huis/ Three R's for Housing," *Forum* (XX, December 1, 1966) 中提出了贫民区与露营地的相似之处。

对普林尼海边别墅的描述，载于 *The Letters of Pliny the Younger* (trans. Betty Radice, Harmondsworth, 1969) 第二册的第十七封信。Leon Battista Alberti 对乡村别墅的看法，载于 *On the Art of Building in Ten Books* (trans. Joseph Rykwert et al., Cambridge, Mass., 1988)。Mumford 的说法出现在 *The City in History: Its Origins, Its Transformations, and Its Prospects* (New York, 1961) 中。

关于维多利亚时代蒙特利尔人的避暑别墅，见 France Gagnon Pratte, *Country Houses for Montrealers 1892-1924: The Architecture of E. and W. S. Maxwell* (trans. Linda Blythe, Montreal, 1987)。

关于梅蒂斯滩的材料来自 Jessie Forbes 未出版的著作 *Metis Beach Past and Present* (undated)，以及 Samuel Mathewson Baylis 的 *Enchanting Metis* (Montreal, 1928)。梅蒂斯滩至今仍在，但形式已大不如前，大酒店都已不复存在，只有少数原来的家庭保留着他们的乡村住宅。我对 John Lukacs 的引用，来自他引人入胜且令人振奋的著作 *Outgrowing Democracy: A History of the United States in the Twentieth Century* (Garden City, N. Y., 1984)。

第八章 消磨时间

对日本和美国城市比较研究的报道，"Tokyoites more tired, stressed than residents of N.Y. or L.A." (*Montreal Gazette*, July 31, 1989)；加拿大的数据来自 "How long does it take a

Canadian to get through the day?" (*Montreal Gazette*, March 20, 1989)。

我参考了 Lucien Febvre 与 Henri-Jean Martin 的著作 *The Coming of the Book: The Impact of Printing 1450-1800* (trans. David Gerard, London, 1976)，以及 Yves Castin 在 *A History of Private Life: Passions of the Renaissance* (Roger Chartier, ed., trans. Arthur Goldhammer, Cambridge, Mass., 1989) 中撰写的精彩篇章 "Figures of Modernity"，内容有关书的早期历史。

Neil Postman 的 *Amusing Ourselves to Death: Public Discourse in the Age of Show Business* (New York, 1985) 是对现代美国文化的有力批判。关于集邮的信息来自 *Encyclopaedia Britannica* (Chicago, 1949) 的 "Philately" 条目。

关于园艺的文献很古老，包括 Francis Bacon 的 *Of Gardens* (London, undated)，Horace Walpole 的 *Essay on Modern Gardening* (Canton, Pa., 1904)，以及 W. Carew Hazlitt 的 *Gleanings in Old Garden Literature* (London, 1887)。

我还参考了 Danielle Regnier-Bohler 在 *A History of Private Life: Revelations of the Medieval World* (Georges Duby, ed., trans. Arthur Goldhammer, Cambridge, Mass., 1988) 中撰写的篇章 "Imaging the Self"，以及 Orest Ranum 在 *A History of Private Life: Passions of the Renaissance* (Roger Chartier, ed., trans. Arthur Goldhammer, Cambridge, Mass., 1989) 中撰写的篇章 "Refuges of Intimacy"。

景观建筑的历史著作有许多，包括 Edward Hyams 的 *A History of Gardens and Gardening* (New York, 1971)，还有 *The Poetics of Gardens* (Cambridge, Mass., 1988)，作者是 Charles W. Moore、William J. Mitchell 以及 Jr. William Turnbull。

关于全国性的园艺风气：

Max Kaplan, *Leisure in America* (New York, 1960).

K. Roberts, "Great Britain: Socioeconomic Polarization and the Implications for Leisure" 载于 *Leisure and Lifestyle* (Anna Olszewska and K. Roberts, eds., London, 1989).

Gyorgy Fukasz, "Hungary: More Work, Less Leisure" (亦载于 *Leisure and Lifestyle*).

关于澳大利亚的调查报告，参见 Ian P. B. Halkett, "The Recreational Use of Private Gardens" (*Journal of Leisure Research*, 10, 1, 1978)。

在这里我提及了 Johan H. Huizinga 的书 *Homo Ludens: A Study of the Play-Element in Culture* (Boston, 1955)，这本书对我的影响贯穿始终。Anthony Storr 饶富趣味的研究是

Solitude: A Return to the Self (New York, 1988)。

第九章 休闲的难题

Sándor Ferenczi 关于星期日神经官能症的文章，载于他的著作 *Further Contributions to the Theory and Technique of Psycho-Analysis* (trans. Jane Isabel Suttie, New York, 1952)。Lippmann 的文章刊载于 *Woman's Home Companion* (57, April 1930)。

20 世纪 30 年代出版了许多关于休闲的书，其中两本是 H. A. Overstreet 的 *A Guide to Civilized Loafing* (New York, 1934)，以及 Arthur Newton Pack 的 *The Challenge of Leisure* (New York, 1934)。

关于近期工作周长度增加与休闲时间减少的统计数字来自：

Peter T. Kilborn, "Tales from the Digital Treadmill" (*New York Times*, June 3, 1990).

Jerome Richard, "Out of Time" (*New York Times*, Nov. 28, 1988).

Louis S. Richmanzai 在 " Why the Middle Class is Anxious," *Fortune* (May 21, 1990) 中引用了马里兰大学和密歇根调查研究中心的两个调查。

转向"商品密集"型休闲的理论是由 Staffan B. Linder 在其著作 *The Harried Leisure Class* (New York, 1970) 中提出的。Arlie Hochschild 深入研究的成果 *The Second Shift: Working Parents and the Revolution at Home* (New York, 1989) 被间接提及。Bertrand Russell 的文章 "In Praise of Idleness" 只部分地带有调侃之意，它被收入在 *In Praise of Idleness and Other Essays* (London, 1935) 一书中。

Mircea Eliade 在其经典之作 *The Sacred and the Profane* (trans. Willard R. Trask, New York, 1959) 中提出了神圣时间和世俗时间的概念；对纳瓦霍人"泥盖木屋"的描述，来自 Peter Nabokov 与 Robert Easton 堪称典范的研究 *Native American Architecture* (New York, 1989)。

周末或许和神圣时间相关的提议，来自 Anthony Aveni, *Empires of Time: Calendars, Clocks, and Cultures* (New York, 1989)。关于欧洲人的休闲习惯：Anthony Edwards, *Leisure Spending in The European Community: Forecasts to 1990* (London, 1981)；关于加拿大和美国之间的不同之处：Seymour Martin Lipset, *Continental Divide: The Values and Institutions of the United States and Canada* (New York, 1990)。

最后，我要感谢我的朋友 John Lukacs 有见地的建议，即工作的世界与休闲的世界，或许已分别代表了两种文化。事实上，它们的确如此。

索引

阿伯克龙比　Abercrombie, John　155

阿德莱德　Adelaide　157

阿第伦达克山　Adirondacks　132

阿尔贝蒂

　　Alberti, Leon Battista　129, 130, 131

阿基库尤人　Akikuyu　54

阿拉巴尔　Arrabal, Fernando　7

阿兰布拉宫　Alhambra　152

阿伦特　Arendt, Hannah　43, 163, 164

阿罗哈星期五　Aloha Friday　10

阿涅尔　Asnières　65, 66, 67

《阿涅尔浴场》

　　Une Baignade, Asnières　66, 67

阿散蒂王国　Ashanti　44

阿斯特利　Astley, Philip　73

埃吕尔　Ellul, Jacques　15

埃文斯　Evans, Bill　8

艾斯拉比　Aislabie, John　154

《爱玛》　Emma　91, 129

爱情男孩合唱团　Loverboy　17

奥尔谢夫斯卡　Olszewska, Anna　156

奥弗斯特里特　Overstreet, H. A.　163, 164

奥克斯　Oaks　77

班尼斯特　Bannister, John　73

贝努埃　Benue　55

波莱　Paulet, Alfred　68

波兹曼　Postman, Neil　146

补鞋匠潘趣酒　cobbler's punch　88

布尔斯廷　Boorstin, Daniel　32, 146

布莱克浦　Blackpool　80, 186

布赖顿　Brighton　80, 132

布朗　Brown, Capability　154

布朗克斯维尔　Bronxville　139

布里顿　Britton, Thomas　73

布罗代尔　Braudel, Fernand　70, 76

查特韦尔　Chartwell　13

《常识》　Common Sense　146

《出埃及记》　Exodus　43

达顿　Dutton, Ralph　97

达荷美　Dahomey　54

达林　Darling, Ding　110

大都会早打烊协会
Metropolitan Early Closing
Association 93, 94, 103, 111, 112, 115
大斋日 the great fast 34
大众汽车 Volkswagen 113
代格朗汀
Philippe-François-Nazaire Fabre
d'Églantine 36
代理休闲 vicarious leisure 51
《得梅因纪事报》 Des Moines Register 110
德比 Derby 77
德加 Degas, Edgar 82
《狄安娜》 Diana 144
迪斯累里 Disraeli, Benjamin 89
笛福 Defoe, Daniel 72
第勒尼安海 Tyrrhenian Sea 127, 130
蒂沃利 Tivoli 128, 151
杜兰特 Durant, William West 132

《法定假期法》 Bank Holidays Act 96
法兰西亚德 Franciade 36
法利赛人 Pharisee 53
法洛斯 Fallows, James 120
凡勃伦
Veblen, Thorstein 51, 52, 158, 177
菲尔丁 Fielding, Henry 72
费夫尔 Febvre, Lucien 144
费伦奇 Ferenczi, Sándor 161
芬迪湾 Bay of Fundy 137

风月 ventose 36
佛朗哥 Franco 113
福克斯 Fox, William 107
《妇女家庭指南》
Woman's Home Companion 163
傅高义 Vogel, Ezra F. 119

高德温 Goldwyn, Samuel 107
《高卢的阿马迪斯》 Amadis de Gaula 144
戈达尔 Godard, Jean-Luc 115
《格但斯克协议》 Gdansk Agreement 116
格拉齐亚 Grazia, Victoria de 112
格莱斯顿 Gladstone, William Ewart 77
格里菲斯 Griffith, D. W. 107
"工作之余" dopolavoro 112
《公祷书》 Book of Common Prayer 44
古奥斯提亚 Ostia Antica 127
《观察家报》 The Observer 12
《观察者》 The Spectator 71
观赏农场 a ferme ornēd 154
观赏性农舍 cottage orné 132
贵格会 Quakers 29

哈伯里根 Habraken, John 126
哈德良别墅 Hadrian's Villa 128, 151
哈利法克斯 Halifax 137
海布里 Highbury 91
海姆斯 Hyams, Edward 152
汉布尔登 Hambledon 75

汉谟拉比　Hammurabi　49

《合理劳动标准法》

    Fair Labor Standards Act　110, 164

赫普尔怀特　Hepplewhite　70

赫伊津哈　Huizinga, Johan　106, 157

黑便士邮票　Penny Black　149

亨尼克特

    Hunnicutt, Benjamin　111, 162, 164

"红神父"　*il Prete Rosso*　3

《花园诗学》*The Poetics of Gardens*　153

华纳兄弟　Warner brothers　107

皇家马戏团　Royal Circus　73

皇家斯塔德利庄园　Studley Royal　154

霍恩爵士　Horne, Sir William Van　137

霍尔　Hoare, Henry　154

霍皮族印第安人　Hopi　44

基督复临派　Adventists　28

《吉尔伽美什史诗》*Gilgamesh Epic*　151

加利西亚　Galicia　44

加纳　Ghana　44

简·奥斯汀　Jane Austen　91

教皇格里高利　Pope Gregory　25

戒酒之子　Sons of Temperance　93

近似七日节律　circaseptan rhythms　39

《居家园艺系统：园艺艺术》

    Systema Horticulturae, or Art of

    Gardening　155

卡茨基尔　Catskills　138

卡恩　Kahn, Herman　118

卡修斯　Cassius, Dio　29

凯鲁亚克　Kerouac, Jack　8

恺撒　Caesar, Julius　24, 144

坎贝尔　Campbell, Jeremy　48

坎宁安　Cunningham, Hugh　69, 79, 87

坎特伯雷大主教

    Archbishop of Canterbury　57

柯尔律治　Coleridge, Samuel Taylor　132

科尔松　Colson, F. H.　21, 29, 30

科普特人　Copts　22

《克拉丽莎》*Clarissa*　72

克利希　Clichy　65, 66

肯特　Kent, William　153, 154

跨殖民地铁路　Intercolonial Railway　137

《昆斯伯里规则》*Queensberry Rules*　77

拉伯雷　Rabelais, Francois　144

拉德芳斯　La Défense　65

拉丁姆　Latium　127

拉努姆　Ranum, Orest　152

拉什　Lasch, Christopher　158

拉斯金　Ruskin, John　136

拉欣运河　Lachine Canal　135

莱姆勒　Laemmle, Carl　107

莱伊博士　Ley, Dr. Robert　113

赖德　Reid, Douglas A.　92, 95

赖特　Wright, Thomas　89, 97, 98

兰开夏 Lancashire 95

《蓝登传》 *Roderick Random* 72

《懒散颂》 "In Praise of Idleness" 171

劳工阵线 Labor Front 113

劳伦塔姆 Laurentum 127, 128, 129, 130

雷普顿 Repton, Humphry 154

李普曼 Lippmann, Walter 163, 166, 170

李维 Livy 144

里弗赛德 Riverside 139

理查森 Richardson, Samuel 72

理性娱乐运动

　　rational recreation movement 79, 81, 92,
　　93, 106

《良马血统总录》 *General Stud Book* 74

"两种文化" "Two Cultures" 176

林德 Linder, Staffan 166

林肯郡 Lincolnshire 86

卢卡奇 Lukacs, John 138

鲁沙姆府邸 Rousham House 153

《伦敦调查报告》 *The Survey of London* 131

《伦敦新闻画报》

　　Illustrated London News 12

《伦理学》 *Ethics* 17

《罗兰之歌》 *Roman de la Rose* 144

罗奇 Roach, Max 8

罗森茨魏希 Rosenzweig, Roy 104

罗素 Russell, Bertrand 171

罗素 Russell, John 68

洛德 Lord, Thomas 75

洛朗蒂德山区 Laurentian Mountains 135

洛里耶爵士 Laurier, Sir Wilfrid 60

玛丽·安托瓦内特

　　Marie Antoinette 73, 132, 133

马鲁斯 Marrus, Michael R. 90, 99

麦克唐纳爵士 Macdonald, Sir John A. 136

《漫步者》 *The Rambler* 71, 72

芒福德 Mumford, Lewis 15, 17, 134

梅 May, Lary 108

梅蒂斯滩 Metis Beach 137, 138, 183

梅塔克萨斯 Metaxas 113

梅耶 Mayer, Louis B. 107

美国成衣工人联合工会

　　Amalgamated Clothing Workers of
　　America 109

《美国新闻与世界报道》

　　U. S. News & World Report 167

蒙特马约尔 Montemayor, Jorge de 144

孟克 Monk, Thelonious 8

米克 Mique, Richard 133

密特拉教 Mithraism 30, 35, 55

密歇根调查研究中心

　　Michigan's Survey Research
　　Center 165, 185

民用月 civil month 22, 25

明格斯 Mingus, Charles 8

摩尔 Moore, Charles 108, 132, 153

莫里斯舞 Morris dance 149

莫索　Mosso, Angelo　46, 47

默里湾　Murray Bay　136

"木头拐杖"

　　Canne de Bois　125, 126, 127, 130, 131,

　　132, 133, 137, 139, 157

纳瓦霍人　Navajo　172, 185

奈伦　Nyren, Richard　75

"南海骗局"丑闻　South Sea Bubble　154

泥盖木屋　hogan　172, 185

牛仔裤星期五　Jeans Friday　9

纽黑文　New Haven　85

《纽约先驱论坛报》

　　New York Herald Tribune　110

欧陆星期日　Continental Sunday　92

扒金宫　pachinko　120

《帕梅拉》　Pamela　72

帕西人　Parsis　23

潘恩　Paine, Thomas　146

潘普洛纳　Pamplona　86

佩皮斯　Pepys, Samuel　145

配园运动

　　allotment-garden movement　155

皮珀　Pieper, Josef　17, 48, 58, 175

《评论》　The Review　72

普拉姆　Plumb, J. H.　71, 76

普勒尼斯特　Praeneste　129

普利策　Pulitzer, Joseph　12

普鲁塔克　Plutarch　144

奇彭代尔　Chippendale　70

乔治式排屋　Georgian terrace　70

切斯特顿

　　Chesterton, G. K.　12, 13, 14, 15, 90,

　　155, 166, 168, 170, 171

《琴酒法》　Gin Act　77

全国艺术研究中心

　　National Research Center　165

全美工业协会

　　Nation Industry Council　110

全美制造者协会

　　National Association of

　　Manufacturers　110

《人的境况》　The Human Condition　163

人民阵线　Popular Front　114

《人人都是自己的园丁》

　　Every Man His Own Gardener　155

《日本人的挑战》

　　The Japanese Challenge　118

儒略历

　　Julian Calendar　24, 25, 29, 34

萨格奈河　Saguenay River　136

萨拉查　Salazar　113

萨利耶莎草纸书　Papyrus Sallier　49

赛马会　the Jockey Club　74

桑塔亚纳　Santayana, George　150

沙巴图　shabattu　22, 27

申斯通　Shenstone, William　154

《绅士杂志》　*Gentleman's Magazine*　71

圣安德鲁斯　Saint Andrews　137, 138

圣克里斯平　Saint Crispin　88

圣劳伦斯河

　　Saint Lawrence River　136, 137

圣烈治　St. Leger　77

《十小时法案》　*Ten Hours Bill*　95

《自由时间与额外金钱》

　　"Free Time and Extra Money"　163

史密斯　Smith, George　75

《仕女杂志》　*Lady's Magazine*　71

室外硬地滚球戏　Bocce　112

"守圣星期一"

　　keeping Saint Monday　88

赎罪日战争　Yom Kippur War　174

斯科特　Scott, Donald　48

斯摩莱特　Smollett, Tobias　72

斯诺　Snow, C. P.　176

斯皮特尔菲尔兹区　Spitalfields　76

斯塔福郡　Staffordshire　85

斯坦福德　Stamford　86

斯陶尔黑德　Stourhead　154, 155

斯特恩　Sterne, Laurence　72

斯托　Stow, John　131, 132, 157

斯托尔　Storr, Anthony　157

《四季》

　　The Four Seasons　3, 4, 5, 148

苏利文　Sullivan, Ed　59

索鲁　Theroux, Paul　151

索西琴尼　Sosigenes　24

塔杜萨克　Tadoussac　136

塔夫脱总统　President Taft　136

太阳年　solar year　24, 25, 36

太阴周　lunar week　22

《汤姆·琼斯》　*Tom Jones*　72

汤姆森　Thomson, Richard　66, 82

汤普森　Thompson, E. P.　87, 89, 96

汤因比　Toynbee, Arnold　69

提费鲁姆　Tifernum　128

《庭园与园艺史》

　　A History of Gardens and

　　Gardening　152

图斯库卢姆　Tusculum　129

托马斯　Thomas, Dylan　7

韦伯斯特　Webster, Hutton　52

韦奇伍德　Wedgwood　70

韦斯特切斯特郡

　　Westchester County　105, 181

"为胜利而挖地"运动　Dig for Victory　156

维瓦尔第

　　Vivaldi, Antonio　3, 4, 9, 74, 147, 178

《文明的闲晃方式指南》

   A Guide to Civilized Loafing　163

《文明的休闲方式指南》

   A Guide to Civilized Leisure　163

翁布里亚地区　Umbria　128

沃波尔　Walpole, Horace　153, 154

沃德　Ward, Maisie　13, 117

沃勒维孔特　Vaux-le-Vicomte　152

沃利奇　Worlidge, John　155

沃特基　Wodgate　189

无套裤汉　sans-culottes　36

《无休止地工作》　*Work Without End*　162

五分钱电影院

   nickelodeon　105, 106, 107, 108

五朔节花柱　Maypole　90

伍斯特　Worcester　104

《西比尔：两个国家》

   Sybil, or the Two Nations　89

西德纳姆　Sydenham　80

西塞罗　Cicero　43, 52, 129

希克福特厅　Hickford's　74

夏尔丹　Chardin　145

《闲散者》　*The Idler*　71, 72

《闲谈者》　*The Tatler*　71

《项狄传》　*Tristram Shandy*　72

小普林尼

   Pliny the Younger　127, 128, 129, 130,
   132, 133, 151, 152, 157

小特里亚农宫　Petit Trianon　132, 133

谢菲尔德　Sheffield　97

新不伦瑞克省　New Brunswick　137

新教主日联盟

   The Protestant Lord's Day Alliance　60

新闻室　Newsroom　72

《星期日精神官能症》

   "Sunday Neuroses"　161

《星期日恪守崇拜法》

   The Sunday Observance Act　57

星期日联盟　Ligue du Dimanche　61

行星周

   planetary week　26, 28-35, 37, 39, 55,
   111, 171

休斯　Hughes, Charles　73

《休闲的挑战》

   The Challenge of Leisure　163

《休闲的威逼》　*The Menace of Leisure*　163

《休闲的威胁》　*The Threat of Leisure*　163

修拉

   Seurat, Georges　65-69, 80-82, 93, 114,
   180

雪月　nivôse　37

雅鲁泽尔斯基将军　General Jaruzelski　117

《亚瑟王传奇》　*Morte d'Arthur*　144

《一个国家的诞生》

   The Brith of a Nation　107

伊利亚德　Eliade, Mircea　172, 173, 174

伊斯法罕　Isfahan　151

伊斯玛仪派　Isma' īlianism　38

伊特鲁里亚人　Etruscans　53

《英国教会统一法》

　　British Act of Uniformity　57

"英国周"　la semaine anglasie　144

忧郁星期一　Blue Mondays　103

《邮童》　Post Boy　74

《游戏的人》　Homo Ludens　106

有闲阶级　leisure class　51, 70, 171

愉快星期日下午

　　Pleasant Sunday Afternoon　93

雨月　pluviôse　36

《园艺杂论》

　　Unconnected Thoughts on

　　Gardening　154

约翰逊　Johnson, Samuel　72

约克大楼　York Buildings　74

《约瑟夫·安德鲁斯》

　　Joseph Andrews　72

"真真正正我的所爱"

　　Amores mei, revera amores　128

《周日世界报》　Sunday World　12

周一早晨的情绪低落

　　"Monday-morning blahs"　48

《主耶稣主日法案》

　　The Dominion Lord's Day Act　60

《注记与疑问》　Notes and Queries　85

《自恋主义文化》

　　Culture of Narcissism　158

纵狗斗熊　bear-baiting　75, 77

祖科尔　Zukor, Adolph　107